VISÃO DE PSICANÁLISE
Um diálogo com Jacob Pinheiro Goldberg

edição brasileira©   Hedra 2016

corpo editorial   Adriano Scatolin,
Caio Gagliardi,
Jorge Sallum,
Oliver Tolle,
Ricardo Musse,
Ricardo Valle,
Tales Ab'Saber,
Tâmis Parron

Grafia atualizada segundo o Acordo Ortográfico da Língua Portuguesa de 1990, em vigor no Brasil desde 2009.

Direitos reservados em língua portuguesa somente para o Brasil

EDITORA HEDRA LTDA.
R. Fradique Coutinho, 1139 (subsolo)
05416-011 São Paulo SP Brasil
Telefone/Fax +55 11 3097 8304

editora@hedra.com.br
www.hedra.com.br

Foi feito o depósito legal.

VISÃO DE PSICANÁLISE
Um diálogo com Jacob Pinheiro Goldberg
Renato Bulcão (org.)

1ª edição

hedra

São Paulo_2016

Jacob Pinheiro Goldberg é Doutor em psicologia, psicólogo, e professor convidado das seguintes instituições: University College London Medical – Universidade Eotvos Liorand (Hungria) – Universytet Jagiellonski e Universytet Warszawski (Polônia); Middlesex University (Inglaterra); Hebrew University of Jerusalém; USP – PUC/SP – PUCC – Universidade de Brasília – UNESP – Mackenzie, Aspirus Wausau Hospital, Wisconsin (EUA). É também advogado, assistente-social e escritor.

Renato Bulcão é professor de filosofia, formado pela USP com mestrado em Comunicação pela mesma universidade. Leciona filosofia na UNIP e arte audio-visual em diversas instituições. Pesquisa o ensino a distancia desde 1995, e publicou artigos em livros especializados. Atualmente termina seu doutorado em Arte, Educação e História da Cultura na Universidade Mackenzie.

Sumário

O Respeito pelo Paciente, *por Renato Bulcão (org.)*   9

UMA VISÃO DA PSICANÁLISE   13
Psicanalise da Espera   15
Primeiro diálogo   17
Segundo diálogo – O carisma do homem comum   45
Terceiro diálogo – Só pobre sofre por inteiro   67
Quarto diálogo – Eu sou um negro   85
Quinto diálogo – Teoria da psicanálise social   109
Obras publicadas   127

Dedico este livro à minha filha Suzana Fanny Elwing Goldberg que com sua juvenilidade crítica me inspirou nestes anos de trabalho conjunto, o meu re-pensar psicanálise.

O Respeito pelo Paciente

Renato Bulcão (org.)

Conhecia Jacob Pinheiro Goldberg das entrevistas de televisão. Sua falta de sorrisos e de falas mansas davam a impressão de um terapeuta muito sério, guardião da moralidade. Fui procurá-lo por indicação de uma amiga. Contei meu caso e avisei — não tenho um tostão agora. Ele me acolheu, me atendeu, me pôs em terapia de grupo, e não desistiu de mim por dois anos. Um dia disse que eu estava resistindo em avançar. E que nossas conversas tinham virado uma perda de tempo.
Fui viver a vida e me descobri mais apto do que antes. Voltei curioso em entender o que tinha acontecido. Que técnica era aquela? Psicólogos amigos meus diziam que era lacaniana. Mas psicólogos lacanianos insistiam que não era. De fato, as três características lacanianas utilizadas por Goldberg eram àquela altura, a adoção do tempo lógico (terminamos por hoje), atender o telefone no meio da sessão (a vida não para...) e uma sala de espera lotada obrigando muitas vezes uma intimidade incômoda entre os pacientes.

No mais, tudo diferia das experiências anteriores que eu tinha experimentado desde os 16 anos como paciente. Principalmente aquele silêncio sepulcral de muitos terapeutas, que me dava a impressão de um taxímetro correndo enquanto estamos parados há horas num engarrafamento no caminho para o aeroporto, num dia de chuva, numa cidade estrangeira, e o motorista não entende a sua língua.

Gravei vários vídeos com ele, mas ele sempre resistiu em falar de técnica. Sua trajetória acadêmica foi original e polêmica. Portanto, quem estuda Goldberg na academia, estuda seus poemas e sua literatura. Essa inexistência do psicólogo didaticamente apresentado me incomodava. Seu sucesso precisa ser compartilhado, pelo menos com meus alunos de filosofia do curso de psicologia.

De tanto insistir, conseguimos chegar a um acordo em 2015. Fizemos cinco diálogos que registramos em vídeo. Fiz a transcrição, e depois corrigi um pouco o texto para ficar legível. Para a publicação, argumentei ainda que eram necessárias explicações simplificadas para as novas gerações. Conheço meus alunos. Muitos não fazem ideia que Getúlio Vargas se matou, nem quem foi João Goulart.

Transcrevemos para manter o vigor da oralidade, sua preocupação estilística. O título inicial de trabalho sugerido por ele foi "Psicanálise heterodoxa", e tem raízes históricas. Na história da psicologia, temos Georg Groddeck e Donald Woods Winnicott que admitem em comum que corpo e psiquismo são dimensões de uma mesma realidade e não duas essências distintas; concebem o adoecimento como via de regresso a estágios anteriores do desenvolvimento e veem a natureza como força viva e direcionada para a saúde. São psicólogos heterodoxos. Em Belo Horizonte encontramos o médico e psicanalista Gregório Baremblitt, médico e psicanalista argentino, que amadureceu sua obra no Brasil. Na Argentina foi membro fundador do grupo psicanalítico denominado Plataforma, e no Rio de Janeiro e em São Paulo, o Instituto Brasileiro de Psicanálise, Grupos e Instituições (Ibrapsi), e ainda o Instituto Félix Guattari de Belo Horizonte. As heterodoxias, me lembrou o psicanalista uruguaio Valentin Guerreros, sempre propõem uma proximidade com o contexto, que produz o real para o paciente.

Em todas as heterodoxias da psicanálise, encontramos componentes da sócio-análise, a percepção do contexto em que o sujeito existe na sociedade. A sócio-análise tem uma variação interessante proposta por Deleuze e Guattari, chamada esquizo- -análise. No caso de Goldberg, sua inspiração direta advém de David Cooper e seu movimento de anti- -psiquiatria.

Aliás, a característica de permitir a existência do real me atraiu muito no processo de Goldberg. Nas suas sessões de grupo ficava claro que ninguém sofre sozinho, e que os sofrimentos — aflições na sua nomenclatura — não diferem tanto assim de uma pessoa para outra, independente de gênero, etnia, idade ou condição social. Nas encenações de sua dramaturgia terapêutica, havia o cuidado em reproduzir o contexto incluindo a realidade social de cada um.

Espero que no futuro jovens psicólogos adotem algumas de suas percepções. Até porque o contrato de Goldberg com os pacientes é muito eficaz no que diz respeito à compreensão do processo de tratamento e alívio. Nunca vou me esquecer de uma amiga minha, ex-paciente, que declarou : Já entendi que ele tem razão, mas ainda não estou pronta para casar e ter filhos. Interrompeu a terapia. Anos depois, casou e teve um filho.

Há quem o acuse de moralismo. Posso afirmar que neste sentido a posição de Goldberg é puro Voltaire: Discordo totalmente do que diz, mas defendo até a morte o teu direito de dizê-lo. Esse respeito pela liberdade do outro é muito difícil de ser encontrado em psicólogos. A maioria não abre mão de seus juízos.

Espero que este livro seja de leitura rápida aos leitores, mas que as ideias de Jacob Pinheiro Goldberg fiquem por muito tempo ecoando em seus pensamentos.

Dezembro de 2015

Nota Bene: Os diálogos a seguir foram transcritos na íntegra das gravações de vídeo disponíveis no You Tube. Eventuais correções foram feitas para facilitar a leitura. O conteúdo e seu vigor permanecem intactos.

Uma visão da psicanálise

Psicanalise da Espera

EM GERAL, todos nós entendemos "a espera" na nossa vida como um "não-tempo", como uma "não-existência", é como se fosse uma pausa na nossa história, entre aquilo que já aconteceu e aquilo que a gente está na expectativa de que possa vir a ocorrer. É como se a gente fizesse uma suspensão no tempo.

O que é mesmo muito parecido com o que as pessoas presumem que seja o sono. Ou seja, o sono seria uma temporada entre o dia e a noite. Uma temporada essa que é quase como se você estivesse congelado e o fluir da tua história estivesse interrompido. Evidentemente se trata de uma armadilha psicológica grave, porque nós vivemos durante a espera e durante o sono. Durante o sono a gente sonha. Na espera nós fantasiamos o que vai acontecer, nós recordamos o passado e nós apostamos no futuro. Então a espera pode ser muito mais do que a ocorrência, o clímax das nossas emoções.

No momento que você, Jacob, me informou que estava fotografando o entorno visual onde aguardava a sessão de terapia, achei extremamente original, porque você, diferentemente do que muitos psicanalistas, inclusive Freud e Lacan, que achavam que a sessão de análise começava quando terminava, você tinha capturado que ela, na realidade, tinha a continuidade estabelecida no "sempre", e a espera era já um dos momentos importantíssimos que deveriam ser registrados. E você fazia o registro de que maneira? Através do seu instrumento de trabalho, através da percepção sensorial que você tem da vida, que é o olhar, a fotografia e o cinema. E isso que você tem feito, na minha opinião, deveria ser transmitido, porque deixa de ser seu, como toda obra de arte, e passa a ser de todo mundo, que em qualquer circunstância, na vida, está esperando. Mas indo mais longe, transcendendo, e isto é uma posição particularmente minha, eu acho que nós sempre vivemos a espera, porque eu sou o filho de uma tradição messiânica, eu estou sempre na expectativa da utopia, eu estou sempre atrás do paraíso. Aliás, nada mais impressionante, na natureza, do que o tempo gravídico, que é um tempo de espera.

Primeiro diálogo

"A mentira é uma graça"
Fanny Goldberg.

Neste primeiro diálogo, Jacob Pinheiro Goldberg decide falar de sua teoria psicanalítica, sem abrir mão de se referir às suas vivências, que servem de base para sua forma de pensar. Seu trabalho é denominado por ele de "Psicologia imagética". Ele configura sua forma de trabalhar como dramaturgia psicológica. Essa dramaturgia psicológica cria um contexto tanto na terapia de grupo, quanto na terapia individual, mesmo na atividade social e comunitária.

Para Goldberg, nós somos seres que representam. Em cada situação agimos de forma diferente, mas que significa alguma coisa importante para nós.

Neurose e psicose seriam expressões do desconforto da tentativa de uma pessoa seguir um comportamento monolítico, adotado a partir de cobranças externas. Quanto mais a pessoa representar aquilo que ela não é, mais ela se aproxima de uma imposição de ser aquilo que ela não é. Isso gera angústia, que cresce se tornando uma neurose, ou no limite de um comportamento doente, uma psicose.

O ser humano normal, para Goldberg, atua de forma fragmentada a partir de sua relação com aquilo que ele percebe na realidade. Para ele, não há uma essência da pessoa, mas uma resposta da pessoa àquilo que ela está vivenciando. Por isso, a atuação do psicanalista neste sentido, deve examinar a imagem que as pessoas estão fabricando o tempo todo, para determinarem a sua aparência. É através dessa imagem que as pessoas conseguem se representar no mundo. Para tanto, elas utilizam diversos recursos, como máscaras e artifícios, que devem servir para se empoderarem e intervirem na ordem das coisas.

Assim, a hipocrisia é uma representação burlesca e é uma farsa empobrecida. Os medíocres são hipócritas e os medíocres são perversos, dementes e sádicos. A doença é hipócrita. Quando o sujeito se aproxima do seu papel na cena, ele vai se afastando da hipocrisia e vai se afastando do Nada. Ele passa a acontecer. Na medida em que o individuo participa da cena que ele percebe como realidade, com uma maior percepção e maior empenho, ele recupera a sua essência.

O ser humano busca um sentido para a sua vida. Nós queremos justificar nosso papel no grande espetáculo. Mas primeiro precisamos saber qual é o nosso papel. Então as pessoas buscam um papel através das intermediações oferecidas pela religião, pelas ideologias, pela mídia que as levam às mistificações.

Por outro lado, a loucura é o estado de espírito mais trágico da condição humana, porque é a perda da ego-centralidade. O sujeito deixa de ser ele mesmo, para ser tomado. Mas o inverso, a ordem integral, é outro engano. A estética da ordem nos dá a sensação ilusória de poder sobre a realidade. Mas isso é uma fantasia. Nós precisamos aprender a conviver com as diversas realidades que percebemos. Precisamos aprender a conviver com os nossos fragmentos, sem pretendermos criar um ser único e íntegro, pois isso é uma fantasia.

A psicanálise, assim como as demais terapias, fazem parte da cultura. O que se faz num consultório é o encontro de duas pessoas, em busca de um momento que permita recuperar a alegria de viver. Viver é aceitar a travessia entre o nascimento e a morte. Mas as pessoas sentem medo, e se perguntam muitas vezes se vale a pena viver, e isso causa desespero.

A maioria das pessoas ainda está na caverna de Platão vendo sombras e imagens. Por isso que Goldberg defende a psicologia imagética, para interferir neste processo, interpretando e transformando.

* * *

Jacob Pinheiro Goldberg: Eu começaria já com um conceito de filosofia que eu sei que você aprecia. Eu acho que a gente vai calcar mais nesse trabalho aqui na teoria, porque elemento biográfico a meu respeito já tem gente escrevendo. Podemos permear a minha vivencia com a teoria, e devemos. Mas a teoria não deve ser a linha condutora, como você sempre insistiu e eu resisti. Eu acho que tem que ser mesmo o meu pensamento. Como é que esse pensamento se forjou e a importância que ele tem, ou não tem.

Renato Bulcão: Tem alguma diferença neste sentido, ter um pensamento no palco, ou na mediação de psicodrama?

G: Quero deixar claro que talvez a melhor expressão seria dramaturgia psicológica e não psicodrama. Porque psicodrama está muito ligado ao trabalho do Jacob Levy Moreno. Para aqueles que já foram pacientes ou clientes, sabem que eu não me reporto aos cânones do psicodrama, mesmo porque discordo do trabalho de Moreno, na integralidade e sua "autobiografia" é suficiente para explicar esta divergência umbilical.

R: E se eu mudar para terapia de grupo? Será que a sua terapia de grupo e a sua atuação no palco tem similaridades?

G: Ambas tem essa dramaturgia psicológica. Na verdade, a minha ideia sempre, é a ideia da representação, a ideia da imagem. Não apenas trabalhando como psicólogo, mas também ao pensar e ao viver.

Eu acredito que nós somos seres que representam. Fundamentalmente, se por acaso existe uma peculiaridade no meu pensamento, ou pelo menos um elemento que para mim define muito o papel da existência, é a questão da representação. Ou seja, nós não somos ninguém em essência. A ideia da busca da essencialidade é uma ideia totalista.

E é isso que de certa maneira conduz até Heidegger, e seu nazismo tão simulado, por exemplo. A preocupação totalista é o fundamento da psicose. E de uma maneira mais amena, da neurose. A superação da neurose é a libertação desse conceito de busca da integridade. Nós não somos inteiros, nós somos pedaços. E a gente monta esses pedaços para representar papéis. Isto é teatro. E a vida é permanentemente uma cena. Mesmo quando você se pretende íntegro.

Ou seja, totalista ou totalitário, esse mais do que ninguém, representa um papel. É um triste papel, porque é um papel mórbido, e por isso destrutivo para o próprio individuo, e para o mundo.

R: Quer dizer, essa ideia que nós identificamos como kantiana, da integridade, da retidão de caráter, da pessoa virtuosa, e não um virtuoso aristotélico, mas o virtuoso kantiano; que é ideia de que "cada ação que você vai fazer, faça como se fosse um exemplo que você gostaria que fosse seguido por todos os outros".

Essa ideia então ela termina no século 20 ? Agora no século 21, se a gente quiser pensar a realidade das pessoas, não pode mais pensar dentro destes parâmetros, que você chama de totalista, e que você identifica com uma espécie de prisão. Prisão no sentido da psicose e da neurose. Essa tentativa de ser único e ser total, a potência em última estância, são a origem do sofrimento?

G: A ideia da psicose e da neurose e eu diríamos que também, da ritualística, da inteligência como prisão. Porque antes e acima de tudo, esta é a prisão. Este é o bezerro de ouro, este é o ritual, este é Aarão. E quando Moisés desce, e na minha opinião o momento mais dramático daquela revelação é a questão da "máscara", de "Moisés com máscara", esse é o grande momento!

Inclusive se aventa a hipótese de que já não era Moisés. Que Moisés teria sido assassinado e desce outro personagem. Isso foi levantado inclusive por cabalistas na Idade Média. Que já não era mais Moisés. Ou melhor, era muito mais Moisés, em não sendo aquele. Porque Moisés teria sido sacrificado. Essa questão do sacrifício, ela é muito importante. Porque o totalismo sempre precisa de um bode expiatório. Precisa sempre do sacrifício.

E aí a gente vê uma linha impressionante que passa, nessa hipótese por Moisés, mas passa sempre também pela extradição da paternidade com Rômulo e Remo. É a loba que é a mãe, a loba que seria a prostituta romana. Então a própria ideia da civilização romana fica por cima dessa pedra.

E não por acaso, mais tarde, em todos os conflitos e disputas, o império romano acaba, talvez, num dos mais tragicômicos atores da modernidade que foi Mussolini. Ele talvez tenha sido o mais engraçado e desgraçado ator da modernidade. Só superado pela figura grotesca de Hitler e de uma maneira muito enviesada, por outros ditadores.

Quanto a Hitler, Mussolini e os nazistas, eu os vejo como animais de caça perversos, sem personalidade, portanto fora do humano. São os capetas genocidas bestiais que devem ser banidos.

R: Deixa-me voltar um pouco aqui à Moisés. Não toda ética, mas com certeza toda moral que forma a chamada civilização judaico-cristã está baseada nas leis de Moisés. A lei cresce a partir dos Dez Mandamentos, principalmente não dos mandamentos ligados a Deus, mas dos mandamentos ligados à humanidade, ao ser humano.

G: Aos mandamentos que seriam de Noé, a ideia é essa. Porque a ideia seria de que os mandamentos teriam sido de obrigações para os judeus, ou seja, o jugo seria maior. Os mandamentos de toda a humanidade, que seriam os mandamentos de Noé, que Deus poupou através da arca. Mas você estava perguntando...?!

R: Como toda moral nasce nos Dez Mandamentos, e como a observância aos mandamentos pode em última estância trazer a ideia justamente do fascismo, quer dizer, de Mussolini, e relembrando que no início você disse que nós somos seres fragmentados, sem essência e que atuamos a partir da relação estabelecida imediatamente, é obvio que essa proposta de visão se estende também por todo o passado.

Apesar de ser uma visão contemporânea, imediata, é muito tentador pensarmos o próprio Hitler, o próprio Mussolini, desta maneira. As pessoas não eram só nazistas, elas eram também amantes, estavam apaixonadas, cuidavam com carinho do seus filhos, enfim, as pessoas sempre foram fragmentadas.

No fundo é isso que eu estou tentando resgatar do seu pensamento e da sua ideia: Na medida em que as pessoas sempre foram fragmentadas, como esses fragmentos podem se unir para tornar a pessoa saudável, sã ou em paz consigo mesmo? E como esses fragmentos de alguma maneira acabam construindo um tipo qualquer de doença?

G: Em primeiro lugar esses fragmentos não são peças que podem ser armadas como se fossem um jogo. Nós fazemos parte de uma fragmentação universal. A psicanálise freudiana e as suas decorrências escorregam nisso também.

Numa preocupação, vamos chamar de saúde (que sempre corre o risco da eugenia). Não existe esse conceito de integridade; nós somos pedaços e nos conformarmos com a consciência dos pedaços e da fragmentação, simplesmente para nós podermos viver.

Essa ideia de harmonia é o que conduz ao totalismo. Moisés não era um homem (no sentido de ser apenas um homem). Jesus também não. Não existe nenhum momento de maior fissura interna, que você possa conceber do que os momentos epifanicos, por exemplo, de Jesus na cruz. "Pai, pai por que me abandonaste?" Ele está falando de que? Ele esta falando de José. Na infância, está nos Evangelho, a família já corria atrás de Jesus que estava rezando na sinagoga e dizia: "Meu filho, por que você abandonou a sua casa?" E Jesus respondeu: "Eu estou na minha casa". E ele estava ali, na consciência do seu desamparo, do seu abandono; a assunção absoluta do seu abandono. Que é o que ele repete na cruz.

Moisés, quando pede a Deus que o poupe da morte, ele não é um herói druida. Ele não é um herói celta e muito menos um herói ariano, com uma espada valente, guerreiro valente, desafiando o mundo. Ele é um velho coitado, deitado no chão, e pedindo, implorando a Deus que o poupe da morte.

São essas figuras extremamente frágeis que têm o vigor que você levantou, de embasar toda nossa cultura e toda a nossa civilização.

Inclusive eu gostaria de dizer para você, que tenho pensado muito numa questão que eu acho fundamental, que é a questão da Palavra. Você sabe muito bem que a palavra é um instrumento político, antes e acima de tudo. Eu acredito que está mais do que na hora de nós começarmos a questionar o vocábulo "cristianismo".

Cristianismo é uma religião forjada por Paulo, que tem seu lugar. Mas Jesus faz a intermediação entre essa religião filha e a religião mãe. Portanto eu creio que a gente poderia considerar o cristianismo uma forma de neo-judaismo.

R: Mas é considerada.

G: Mas com muita resistência ainda. Se tenta criar uma ruptura dramática entre a fonte e o seu prosseguimento. E outra coisa que eu creio que é importante, já que estamos discutindo, sempre com alguma experiência na área da psicologia e da imagética, que é a área a que eu também tenho me dedicado: A questão da psicanálise, criada como você sabe, praticamente no período áureo que coincide com a ascensão nazista e na tradição do império austro-húngaro, antissemita.

Freud teve muita preocupação de fazer o vínculo com a cultura grega — o Édipo — e assim por diante. Mas ele não conseguiu, na verdade. Eu já escrevi um trabalho "Freud e o Judaísmo", onde digo que as raízes básicas da psicanálise são cabalísticas.

É mais do que tempo de nós enfrentarmos os preconceitos estúpidos e desarrazoados, que tentam desvincular a ideia da psicanálise do judaísmo. Tal qual o cristianismo, a psicanálise é uma forma do pensar judeu, ancorada nos profetas e Moisés. E mais do que tudo, e aí sim rompendo tabus, ancorada no Mistério. O Mistério é o diálogo com Deus. Um pastor chegou a dizer que Freud era o mais religiosos dos ateus. Realmente, isso procede. A própria ideia do *sentimento oceânico* que Freud fala, é a ideia da percepção da eternidade.

R: Especificamente em relação a essa questão, porque tem mais duas pendentes: Na primeira questão, da teatralização. Moisés teatraliza, Jesus teatraliza...

G: Não por acaso, uma das peças mais interessantes, modernas, do teatro contemporâneo, é Jesus Cristo Superstar.

R: Eles teatralizam, e nós sabemos que todos os atos públicos são fortemente teatralizados e alguns até minuciosamente planejados, como fizeram Hitler e Mussolini, para surtirem algum efeito emocional.

A segunda questão, que perpassa a questão da teatralização, é a questão da harmonia. A questão da harmonia, a menos que eu esteja enganado, é fortemente defendida por Pitágoras no momento em que ele diz que tudo são números. Ele descobre a relação das notas musicais e a partir dessa relação, pensa em números em harmonia.

Obviamente toda essa harmonia, todo teatro, para ser eficaz no envolvimento da plateia, tem de criar sua própria harmonia. Quase como se a harmonia fosse sua própria ética.

Por último, "Moisés e Monoteísmo", que em princípio foi considerado, digamos assim, o tributo que Freud oferece a religião. Nesse tributo — não sou um grande especialista em Freud — sempre se faz uma alusão a "Totem e Tabu". Quer dizer, "Totem e Tabu" seria o que ele pensa, e "Moisés e o Monoteísmo" seria a desculpa que ele pede para dizer o que pensa. Eu gostaria que você comentasse um pouco essas ideias.

G: Você levanta alguns tópicos que são cardeais. Mas Hitler e Mussolini não teatralizaram, vampirizaram. A questão do Número no Judaísmo, a ideia essencial de Deus está ligada e você colocou bem a questão de "Moisés e o Monoteísmo" e do Freud – a Unidade.

Há um Deus só, e por sinal uma das lendas mais interessantes que existem a respeito da oração fundamental não só do Judaísmo, é a prece que de alguma maneira está por detrás de todas as orações chamadas cristãs: "Ouve Israel, o Senhor é Um, o Senhor é nosso Deus.".

Muito bem, quando é que surgiu essa prece? Segundo a lenda, e talvez essa lenda seja algo de anúncio do mais extraordinário em termos de radiação: Jacó estava morrendo, seus filhos estavam preocupados percebendo a aflição de Jacó. Seu filho mais velho se reúne com os irmãos e diz: "O velho está morrendo, e a preocupação dele, é que depois que ele morra, a gente vá adorar outros deuses. Só que ele está surdo, e nós temos que informá-lo da nossa lealdade a um Deus." Eles se reúnem e gritam essa oração na mais potente elaboração que podem fazer, em termos de voz para que Jacó ouça então eles gritam: "Ouve Israel (que é o nome de Jacó), o Senhor é nosso Deus!".

Nós sabemos que existe uma lei de física que informa que nenhuma palavra desaparece. Elas ficam registradas e reverberando para sempre. Tudo que nós estamos dizendo agora aqui estará registrado. Estará registrado no Todo.

Então qual é o conceito? Os judeus ortodoxos dizem que é preciso rezar isso o dia inteiro, porque cada vez que você reza você dá mais vigor às frases que foram ditas. Jesus por sua vez, ele diz, "Eu vim para não trocar uma vírgula da Torah". A tradução, depois nos Evangelhos é da "Lei", mas aí fica muito anódina. A lei que existia era a Torah. Então informa que ele também está informando isso. Nós sabemos, desde o Sermão da Montanha, que as declarações mais passionais de Jesus são sempre as declarações de amor a Deus.

Quando antes de morrer, Freud escreve e reescreve "Moisés e o Monoteísmo" seis vezes, porque o original foi reescrito seis vezes, para dar ideia da importância que ele atribuía a esse escrito, é quase como se fosse um testamento. É daí aquele vínculo que eu acredito que existe entre a psicanálise e o judaísmo. E alguns dizem "Mas ele então, um judeu heterodoxo...".

Isso é bobagem, ele é ortodoxo... heterodoxo. São esses tontos fantasiados, no Brasil, país tropical, com um calor imenso desses, com roupas da Idade Média, imaginando na ritualística de Aarão; esses sim, adoradores do bezerro de ouro, acreditando que eles são herdeiros do judaísmo. O judaísmo não é definitivamente uma religião. Ele é uma revolta.

Moisés não libertou um povo. Ele libertou um bando de escravos. Tanto é, que junto com os judeus foram também muitos egípcios que, resolveram optar pela liberdade. O melhor judaísmo nunca teve nada a ver com ortodoxia, principalmente agora na Idade Moderna (o melhor judaísmo hoje, está em Nova Yorque, não está em Israel). Mas o sionismo é o marcador ético da história contemporânea.

R: Eu perguntei uma vez a uma pessoa muito inteligente chamado Moisés Baumstein, o que era Judaísmo? Ele disse que é uma maneira de se comportar: uma maneira de ser. Ele tinha certeza que na China haviam judeus que nós ainda não conhecemos.

G: A minha posição é até um pouco diferente. Eu diria a você que a maioria dos chineses são chineses sim, e são judeus sem saber que são. Aliás, só de curiosidade, na maçonaria nós sabemos que isso também acontece. A maioria das pessoas são maçons sem ter consciência disso. Tanto é, que quando elas passam a se filiar à entidade maçônica, já estão dando um passo de exterioridade. Mas um maçom praticamente nasce. O judeu nasce. Não existe ninguém no mundo mais judeu do que Gilberto Gil. Eu escrevi isso no livro "Judaísmos Ético e não Étnico", e ele mesmo falando do cantor negro Bob Marley: "Bob Marley morreu, porque além de negro, era judeu.".

Então, essa ideia do judaísmo como propriedade de um grupo racial, essa ideia é mais uma ideia totalista. Do mesmo jeito que Jesus rompe isso quando ele diz "a minha função, o meu papel é levar o Conhecimento". O que basicamente ele tenta fazer é informar, como Moisés tenta informar. Moisés vai até o Monte, desce do Monte e diz: "Eu quero passar para vocês uma informação. Vocês provavelmente não acreditem e por não acreditarem, precisam fazer o teatro da crença através das representações. Ele (Deus) existe!".

Jesus faz a mesma coisa, como Martin Luther King faz a mesma coisa. Como no Brasil, Frei Tito fez a mesma coisa na época da ditadura. Todas às vezes quando você de maneira mais simples diz: "Só sou um pedaço do Todo, agora o Todo existe".

R: Nesse sentido há a ideia concomitante da angústia em ser hipócrita. As pessoas transformaram a hipocrisia em mais um pecado, que gera muita angústia. A pessoa diz: não, eu vou me comportar, porque eu não sou assim.

Esse tipo de questão do sujeito comum, acaba gerando justamente essa angústia: a pessoa não é ser um e único, e portanto não é, nesse sentido, a imagem de Deus.

Essa ideia de você não ser à imagem de Deus, é o que acaba causando a ideia da hipocrisia, a ideia de trair a si mesmo. A pessoa está traindo a si mesma no momento em que ela está se comportando de uma forma teatralizada, que é eventualmente mais pertinente à situação que ela está enfrentando.

Nesse sentido, como é, na sua opinião, que essa falta de percepção da adaptação do ser ao mundo, seja ela um pensamento judaico, seja ela um pensamento adaptativo darwiniano, atua na criação do mal-estar, digamos assim, do individuo na civilização?

G: Bom, eu gostaria de deixar claro o seguinte: A minha perspectiva é de que nós fomos sim criados à imagem e semelhança de Deus. Daí eu denominar o meu trabalho de Psicologia Imagética.

A gente faz o tempo todo uma imagem, e um trabalho em cima da aparência. Nós só somos aparência. Daí nós sermos um pedaço. Nós não somos pequenos deuses como o totalismo religioso, político, ideológico, filosófico, científico pretende. Neste sentido, nós não somos muito importantes.

Mas nós somos importantíssimos, exatamente na medida em que nós somos essa imagem, em que nós podemos fazer essa representação. Quanto mais nós tivermos condição de transformar o mundo, e transformar nossa própria vida através das máscaras que nós usarmos, dos artifícios que a gente vai fabricando, mais poderosos nós seremos. E mais nós intervimos na ordem das coisas. A ideia é de que Deus precisa de nós. Da mesma forma que nós precisamos de Deus.

Segundo a lenda, Deus criou o homem para não ficar solitário. Isto é extraordinário. É exatamente isto que explica o anseio pela procriação e pela arte. Nós precisamos acontecer, é o *happening*.

A hipocrisia é uma representação burlesca e é uma farsa empobrecida. Os medíocres são hipócritas e os medíocres são perversos. Os medíocres são dementes e são sádicos. A doença é hipócrita. Quando o sujeito se aproxima um pouquinho do seu papel na cena, ele vai se afastando da hipocrisia e vai se afastando, vamos chamar assim, à falta talvez de um melhor conceito, vai se afastando do Nada. Ele passa a acontecer.

R: Quer dizer, na medida em que o individuo participa da cena com uma maior percepção, e maior empenho, ele recupera a sua essência?

G: Exatamente, nesse momento ele se transforma em apóstolo. Esse é o apostolado. Essa é a sacralidade. Essa é a transformação da desimportancia em importância. Quando penso na minha vida, fica nítido que os momentos pontuais de significância foram aqueles momentos em que a solenidade fica presente. Em que o banal foge. Nós permanentemente estamos diante e no interior do grande espetáculo.

Lembra de certa maneira aquele filme "O Mundo de Truman". É uma alegoria medíocre, mas é disso que se trata.

R: Na sua opinião, a religião é muito mais uma regra de atuação da humanidade, do ser humano e da humanização, do que efetivamente algum tipo de louvor a uma religiosidade?

G: A religião, quando ela se institucionaliza, é na minha opinião, um teatro mal produzido. É um teatro menor. Em matéria de teatro, Shakespeare é bem melhor do que o Papa. Mas religião é um teatrinho mambembe, principalmente para pessoas que se contentam com pouco.

Mas aqueles que só se contentam com a religiosidade, aqueles que buscam a maior, que buscam a poesia, que buscam realmente Bach, mas de verdade Bach, esses estão o tempo todo ouvindo as trombetas. Aliás, este cenário é o cenário que eu sempre valorizei na minha vida pessoal. Eu sempre tive muita consciência da minha fragilidade e do pequenino que eu sou. Absolutamente sempre tive consciência. E quando eu não tive consciência, os outros me lembravam disso.

Eu quero deixar claro, que ao mesmo tempo eu sempre tive muita consciência de estar participando de um grande espetáculo; e aí, embora como um coadjuvante simplesinho, eu sempre tentei dar o recado.

Eu sou capaz de estar conversando aqui com você, e me lembrar de alguns momentos em que eu ouvia as trombetas tocando. E esses momentos em que eu ouvia as trombetas tocando, sempre foram os momentos que justificaram minha vida. O resto eu acho uma chatice, uma mesmice insuportável. Se eu tivesse que viver sempre a mesmice do cotidiano e da rotina, eu não me suportaria definitivamente.

R: Então basicamente podemos identificar aí um dos indícios da neurose?

G: A maior parte das pessoas que me procuram não está preocupada com sexo. Isso é pretexto. Essa ideia de sexo, mesmo essa ideia elaborada de Édipo, é uma bela fantasia do Freud com a mãe dele, é ficção dele. Aliás, é uma belíssima história de amor das dificuldades entre Freud e o pai dele, Jacó. Mas ela é só uma história, como milhares que eu tenho ouvido no consultório.

Muitos tem obsessão com o pai e tem fixação com a mãe, outros tem com a tia, outros tem com a prima. Isso é de uma desimportância absoluta.

As pessoas estão sempre, na realidade, com uma pergunta só. A pessoa vai fazer análise, na minha opinião, ou a pessoa vai para um oratório, ou a pessoa vai para a igreja, ou a pessoa vai fazer um filho, ou a pessoa vai para a guerra, sempre, na minha opinião, em busca de um sentido para a sua vida.

Ela quer justificar o seu papel no grande espetáculo. Primeiro ela quer saber qual é o seu papel. A maior parte das pessoas está perdida. Tem dificuldade, não conseguem ler um roteiro, mesmo porque a gente sabe que a grande mistificação está sempre presente, através da mídia, das intermediações. Não existe nada que sirva mais para desinformação do que a mídia dos grandes interesses das corporações, da oligarquia.

R: Mas dentro das suas palavras, a mídia é o roteiro daquele que não sabe o seu roteiro.

G: É exatamente isto. A mídia é o roteiro de quem não sabe o seu roteiro. Só que quem faz a mídia são os donos da mídia. Porque os jornalistas, em boa parte, são pobres diabos. A mídia serve a instrumentalização midiática, do mesmo jeito que servem os sermões do Papa, os discursos estúpidos e as orações vazias dos rabinos, as pregações evangélicas na televisão, os anúncios das grandes corporações televisivas, os grandes jornais.

Eu escrevi e atuei praticamente em todos os órgãos de informação do Brasil. Aliás, eu acho muito curioso, porque todas as vezes no começo, eu sou incensado. Eles abrem espaço, oferecem um tempo maior que se poderia requerer. Sou considerado uma das pessoas mais importantes do país em vários períodos da história e assim por diante. Mas basta que eu comece a falar... Porque é óbvio que eu uso tudo isso como trincheira, eu uso como nicho de informação. É uma estratégia para representar o meu papel.

Mas quando eu começo a representar o meu papel, as portas se fecham imediatamente. Não foi para isso que nós chamamos você, nós queríamos você para garoto-propaganda. Mas chega um momento em que o engano mútuo deixa de existir. Mas eu vou aproveitando, enquanto der, para dar uma ou outra informação, eu aproveito. Isto começa a ser de certa maneira, rompido com o mundo virtual.

Não por acaso eu associo isto ao Norbert Wiener que escreveu God & Golem, Inc., e que foi na realidade o cérebro fundador da ideia binária, do um dois, que atribui ao aprendizado com o avô dele, numa escolinha judaica chamada *cheder*, aonde o aprendizado se faz através do *pilpul*, que é o diálogo de duas pessoas. Duas pessoas que sentam, conversam, discordam, concordam a tese, antítese, a síntese. A falta de síntese, a superação da síntese, a conversa como finalidade em si mesma, sem preocupação nenhuma de descoberta daquilo de que alguma maneira se interrogue, a narrativa de começo, meio e fim no teatro. A quem interessa, a quem serve a ordem? Mas se existe alguma coisa que realmente empresta vida não é a ordem, é a desordem. É a desordem que é criativa, é a desordem que reformula.

R: Mas as pessoas entendem desordem como uma total falta de limites. Na verdade essa proposta de ensinar é anterior ao Wiener, porque ela é descrição de Platão dos diálogos de Sócrates. Então talvez a gente esteja usando dois tipos referenciais.

Mas a desordem ela tem limites. No Banquete por exemplo, Sócrates, quando escuta uma pergunta finalmente séria para ele, põe água no vinho para diminuir a possibilidade de ficar embriagado. Na hora que eu estou falando sério, não estou querendo me embriagar para dizer qualquer coisa.

Então esta sua desordem, que eu compreendo, mas acredito que a maioria não compreenda, o quanto ela tem limites, ou ela não tem limites?

G: Na verdade, quando eu falo em desordem, eu estou falando em anarquia no sentido filosófico. Que é a liberdade plena. Não existe meia liberdade, como dizem os franceses, não existe demi-vièrge (semivirgem).

Ou você é livre, ou você é submisso. Aí voltamos à questão de sair do Egito. Eu não sei se você se lembra, tem um determinado instante muito importante, em que o povo aflito com as dificuldades do deserto ameaça a sublevação contra Moisés e diz "nós estávamos melhor no Egito, lá nós tínhamos tudo em ordem, tínhamos casa. É verdade que tinha um chicote do verdugo, mas estava tudo em ordem." Essa ordem é o que explica todas as tiranias.

A liberdade, ela tem sempre um senso e nisto vem o conceito de graça. Eu tenho feito um trabalho com o Eduardo Sterblitch que eu estou chamando de teatro psicológico do real, onde eu tento levar a psicologia imagética para o palco com um grupo de humoristas do programa "Pânico na TV". É mais ou menos a pantomima da Graça.

Na última vez, comentei que a minha mãe, num dos livros que escreveu, tem um verso que eu acho muito bonito, que diz "Mentira, você é uma graça". "Aí ela usou, é óbvio, os dois sentidos: daquilo que faz rir, e daquilo que também é santificado". Não esquecendo que algumas figuras das mais patéticas e ao mesmo tempo mais interessantes da cultura e da religiosidade eram chamados "loucos de Deus".

E na outra ponta, Dom Quixote, que de certa maneira implementa a desordem absoluta, quando junta a fantasia com a outra fantasia que é a realidade.

R: Muito interessante essa colocação, porque existe diferença entre João da Cruz e Dom Quixote basicamente, é que o juízo da realidade que Dom Quixote faz do mundo, não é compartilhado por todos os seus pares. Assim como o juízo de realidade que João da Cruz faz do mundo, também não é compartilhado por nenhum dos seus pares. A diferença é que o juízo de João da Cruz é feito em nome de Deus e de Dom Quixote é feito em nome de si mesmo.

Aquele que é feito em nome de si mesmo é considerado louco. Aquele que faz em nome de Deus é considerado profeta, devoto, apóstolo. De alguma maneira quando o juízo é feito em nome de alguma coisa maior, todo mundo consente.

Eu pergunto então, a loucura é na verdade o juízo de realidade vivido a partir de uma centralidade humana tão exacerbada, que impede que os outros compartilhem daquele juízo de realidade, e passam a desejar portanto, expelir a pessoa do palco, da peça, da atuação?

G: Eu diria que a loucura é talvez o estado de espírito mais trágico da condição humana. Porque é a perda da ego-centralidade. O sujeito deixa de ser ele mesmo, para ser tomado. Tanto é que tem a ideia grega do "daimon".

Tem a ideia dos indígenas brasileiros que quando o sujeito enlouquece, eles chamam de doença do susto. Eu falo disso no livro "O Feitiço da América". Que é bem característico dessa ideia do sujeito possuído por uma porção de realidades, mas que ele não possui.

Todos nós temos essas realidades, todos nós temos uma porção de pedaços. Agora, precisamos aprender a conviver com esses pedaços, não com o objetivo de inteireza, que é um ilusão. Aliás, essa ilusão costuma ser um dos indicativos da própria da própria loucura. O conceito "Eu sou Napoleão", "Eu sou Deus", "Eu sou todo poderoso", "Godplayer".

Não existe uma estética aparentemente tão sedutora, quando a estética da ordem. Quando você vê por exemplo um desfile militar, cinquenta mil sujeitos todos batendo o pé, em uníssono, dá uma sensação ilusória de fantasia.

Mas quando você assiste um acrobata numa pirueta desordenada aí sim, existe uma entrega ao Todo que não tem nada a ver com a loucura. Tem a ver com a liberdade e com o mergulho nessa consciência do Eterno, é um sair de si mesmo sendo você mesmo.

R: Na medida em que, acredito, nenhum de nós dois percebe que existe algum sentido em falarmos em cura psicanalítica, o que seria o atendimento ou o sentido do atendimento? Seria permitir que a pessoa em sofrimento possa enxergar quais são todos os seus pedaços, todos os seus fragmentos e consiga aceitar os seus pedaços, os seus fragmentos, justamente para participar desse teatro, desse roteiro, dessa cena na qual ela está imersa?

G: Eu vejo da seguinte maneira: psicanálise, psicoterapia, psicologia, sociologia, religião, ciência, medicina, são todos instrumentos criados pela cultura para me tirar do desamparo e do sofrimento humano. A sociologia pretende dar uma informação de como é que as coisas no universo do social acontecem. A cultura toda tem esse papel e a psicanálise é inserida dentro disso. Agora, a arrogância científica e a arrogância da cultura são extremamente perigosas.

A psicanálise não cura nada, nem ninguém. A sociologia não explica absolutamente nada. A medicina é esse fiasco terrível que nós sabemos. Dizendo numa semana e desdizendo na outra.

Nós somos, e aí é para caracterizar bem a questão da fragmentação, nós somos entes perdidos andando pelo deserto. Nós não chegamos ainda à Terra da Promissão. Isso é mentira.

A mentira de que vai existir uma cura psicanalítica, por isso o sujeito chega ao paraíso, chega ao êxtase. De que ele usando uma droga chega ao paraíso. Que ele frequentando uma religião, que ele pagando convênio médico ou indo para uma academia e fazendo seiscentas abdominais, vai ficar invicto e não vai morrer. Tudo isso é o mundo terrível das ilusões.

Nós ainda estamos naquela posição da caverna. Nós estamos ali vendo sombras e imagens. Por isso que eu gosto da ideia da psicologia imagética. O que se faz num consultório é o encontro de duas pessoas. Aí vai depender de uma série de circunstâncias. O fundamental é que essas duas pessoas se encontrem, que esse rapport se estabeleça num esforço de graça e de alegria. É um momento de iluminação, aquilo que eu chamei de ouvir as trombetas.

Palmilhando a minha história e voltando àquela passagem, eu sou capaz perfeitamente de fazer um relatório informando cada momento em que eu ouvia a trombeta. E cada momento, e esses são em número muito maiores, em que eu vivi o pesadelo do banal.

É o momento que a gente pode chamar de zen, se a gente quiser usar uma expressão japonesa, "insight" expressão americana; o momento em que você se sente vivo e vibrando com a vida. Em que a vida penetra nesse pedaço que você é, e através daí existe uma inteligência exponencial extraordinária. Eu chamaria talvez isso de epifania carismática ou algo parecido com isto. Você encontra isso na religião, ou na medicina ou na psicanálise ou na psicoterapia. É disso que se trata encontrar esse momento e dizer que está valendo a pena viver.

Porque o medo da gente, e esse é o vestibular do desespero, é a interrogação; Se vale a pena.

Quando Deus ordena a Abrãao, quando ele tem cem anos, "sai de você" — lech lechá, sai dessa pretensão de um você que não existe. Você não é você, você é um relâmpago, você é uma passagem. Você é a travessia, você é a páscoa, você é o pessach. Você é o ir e vir entre o antes e a morte. Esse você é o menos importante, muito menos importante, pouco importante. O fundamental é esta consciência dessa continuidade.

R: Primeiro uma constatação: isso quer dizer que na sua opinião, seja medicina, seja religião, seja academia de ginástica, seja o partido político, a ideologia ou o que for, basicamente todas essas propostas estão apenas sugerindo um preenchimento daquilo que estaria vazio caso a gente simplesmente nascesse para esperar a morte?

G: É, mas é um preenchimento, que em si, voltando à medicina, academias, e assim por diante, o preenchimento só vai ter algum significado se ele for um pedal, se ele for um instrumento. Ele não pode ser um fim em si mesmo. Não adianta nada você esculpir um corpo, eu ouço muito por aí: ele é bonito como um deus grego. Então estamos falando de estatuária.

R: Mas é exatamente isso que eu imagino que as pessoas dizem, eu pelo menos sempre ouvi assim, ele é tão bonito como uma estátua de proporções heroicas.

G: Exatamente, e que coisa pobre que é isso. E o quanto é interessante, exatamente o contrário. Quando eu falo sempre, e aqui eu repeti várias vezes hoje, na questão da solenidade, do significado, de ouvir a trombeta, em geral isso é muito sutil. É num cruzar de olhares, numa sensação de sentir o vento passando, uma palavra de esperança, uma palavra de dor. É sempre algo que fica muito perto do oculto e do revelado.

Segundo diálogo – O carisma do homem comum

Neste segundo diálogo, Jacob Pinheiro Goldberg afirma sua descrença nas categorias predeterminadas de conceitos de distúrbios mentais. O ser humano não pode ser reduzido, em nenhuma hipótese, em nenhuma circunstância, a moldes e modelos referenciais. Só quem se beneficia com isto é a "indústria da loucura", liderada pela indústria farmacêutica.

Mas ele acredita que na hipótese, em que a própria ideia de doença é calibrada segundo o nível de insatisfação ou de sofrimento da pessoa. A própria pessoa que poderia se auto-classificar, de acordo com seu nível de insatisfação com a vida e consigo mesmo.

Por outro lado, qual a hipótese que permite que um sujeito normal, estupre e mate uma criança e mata? Está claro que esta pessoa está longe de qualquer normalidade, e não deveria ser julgada pelo direito, que pressupõe a lei para pessoas normais. Portanto, existem coisas na cultura que não podem ser explicados pela lógica.

Uma das manifestações que parecem carecer de lógica é a do carisma. Como explicar o fascínio das massas por notórios homens públicos? Esses homens, sejam eles políticos ou desportistas, não tem medo de se apropriarem de signos comuns da cultura, e de resignificarem esses signos de uma forma que façam sentido para o homem comum. Por outro lado, fazem questão de demonstrarem que permanecem homens comuns. Isso cria a possibilidade de projeção das massas nessa pessoa, porque o público entende o que ele está falando e não sente medo deste discurso.

Segundo Goldberg, o olhar desse tipo de sujeito é o olhar que leva em conta o outro. Ninguém é desimportante para o sujeito carismático. Mas ele não se limita a uma pessoa e seu olhar atravessa as pessoas na multidão, olhando para todos. Para ele, um visionário opera um conceito muito próximo do carismático.

Através da política, mais do que talvez qualquer outra atividade humana, surge a real possibilidade de mudança da sociedade. Neste sentido o carisma pode auxiliar o interesse pessoal e narcísico do sujeito, e surge o corrupto, o canalha, o medíocre, o infame. Estes são os traidores da esperança. A esperança é aquilo que o ser humano tem de mais deslumbrante, que é a crença no outro. Quando você trai a crença que o outro deposita em você, é pérfido.

Historicamente a esquerda é a tentativa daqueles que acreditam na possibilidade de convivência e cooperação com o outro. A direita é aquela que não acredita no outro. É de direita quem se imagina melhor que o outro e poderia hierarquizar qualquer processo desde que liderado por ele mesmo. E isso poderia trazer benefícios pessoais.

Então por que a maior parte das pessoas, se inclina mais à direita mesmo sabendo que a escolha da esquerda é que iria indiretamente beneficiá-las? Por que a esquerda não existe de forma homogênea. Existem muitas esquerdas e uma direita. E a direita pretende deter o rumo da história, dos processos humanos. A direita se esforça para que a sociedade permaneça infantilizada, enquanto uma casta detém o poder. Seja o poder da cultura, militar, social, financeiro ou religioso em todas as atitudes e em todos os níveis.

Na esquerda existem várias esquerdas. E também existe na esquerda, matizes que na realidade são profundamente de direita. Não podemos esquecer que Hitler chefiava um partido que se chamava Partido Nacional dos Trabalhadores Alemães. Hitler alegava que era nacional – socialista.

A posição de Goldberg é anarco-socialista. Apoia a liberdade individual extrema: Ou é livre, ou não é. Segundo ele, o ser humano não tem outra alternativa pois nasceu e tende para a liberdade. Já o socialismo seria a única forma de distribuição da riqueza.

Outra explicação de Goldberg para o flerte da população com a direita, é a covardia. O sujeito para ser realmente libertário, tem que ter coragem de enfrentar todas as fórmulas cômodas de adequação. Ele tem que se movimentar. O movimento exige bravura, não braveza.

* * *

Renato Bulcão: Só para a gente estabelecer uma ligação com a última vez. O senhor acredita nos conceitos tradicionais de psicose, neurose, esquizofrenia? Nessas categorias que foram se estabelecendo desde o século 19 por todo o século 20?

Jacob Pinheiro Golberg: Não acredito. Definitivamente, e cada vez mais, na minha opinião, classificar comportamentos, formas de conduta, estilos de vida, maneiras de atuar diante da realidade, maneiras de perceber ou de sentir dentro de critérios, ou corresponder a critérios, rígidos são fórmulas simplistas e por isso, extremamente, perigosas.

Nós sabemos que essa é uma tendência que começa na Europa. Começa com a neurologia, com a psiquiatria, e encontra território fértil, extremamente fértil, nos Estados Unidos, onde passa a corresponder a interesses, principalmente da industria farmacêutica. E a gente poderia dizer, de certa maneira, a indústria da loucura. Ou a indústria do desajuste, ou a indústria da repressão. São fórmulas pré-prontas de enquadrar o ser humano. O ser humano não pode ser reduzido, em nenhuma hipótese, em nenhuma circunstância, a moldes e modelos referenciais.

E hoje nós vivemos diante de duas grandes tendências: uma delas que é a mercadológica, que é exatamente a de fazer esse enquadramento. Também em psicanálise, psicoterapia, psiquiatria e assim por diante. A outra é oposta, aquela que tenta compreender cada pessoa enquanto o seu próprio mundo.

E nessa hipótese a própria ideia de doença é calibrada segundo o nível de insatisfação ou de sofrimento da pessoa. Quer dizer, seria a própria pessoa que poderia se auto-classificar.

Eu me sinto insatisfeito, eu me sinto com penúria psicológica. Desta maneira, que vai desde uma parede filosófica, até uma parede individual afetiva, o sujeito se sente infeliz. Porque ele carrega a infelicidade do mundo, a ideia do sofrimento do mundo, da vida. A gente poderia pensar até numa concepção como a de Schopenhauer, do mundo, até o sujeito hipersensível a qualquer privação, a qualquer frustração, a qualquer dor. Seja uma dor física ou uma dor psicológica de afeto.

R: Então pelo que eu entendi, a sua ideia é que qualquer possibilidade de ciassificação de qualquer tipo de "maladia", digamos assim, do sujeito, tem que ser percebida a partir de um processo de ajuste, que vai do sujeito à filosofia, ao invés de uma síntese decorrente de uma teoria geral.

G: Você inclusive usou a expressão francesa e os franceses tem inclusive um conceito do "maladie d'amour."(doença do amor). O Arthur Koestler tem uma passagem muito interessante, irônica: ele era psiquiatra, tinha uma formação eclética extraordinária em termos de erudição.

O Arthur Koestler conta numa passagem em que relata que uma vez ele se encontrou com um antigo paciente e perguntou: "Como é que você está?" E o sujeito relatou: "Estou sofrendo muito, fui abandonado pela minha mulher" E ele falou "Ah é?! Então a Silvia te abandonou?" E o paciente falou: "Não. imagina, a Silvia é um antigo caso. Depois da Silvia já teve a Lúcia, a Paulete." E o Koestler sarcástico disse: "Eu passei a suspeitar que essa ideia do amor romântico na realidade talvez se estriba num gênero de virose."

Certo tipo de sujeito é cometido por um vírus ainda não detectado no laboratório, mas que seria o vírus do amor romântico. Esse sujeito está sempre sofrendo num processo masoquista, por alguma perda romântica. E isso nós podemos de alguma maneira, ampliar. Têm sujeitos que estão sempre tristes.

Há pouco tempo atrás eu encontrei um antigo amigo meu. Nós começamos a conversar, e ele virou pra mim e falou: "Você viu hoje que coisa incrível a notícia que eu estava vendo aí pela internet?" E eu falei "Não..." Ele estava com um ar catastrófico. E ai ele disse: "Um acidente na Índia matou 18 pessoas."

Claro que a morte de pessoas, em qualquer parte do globo, é triste. Mas a morte faz parte da fenomenologia do existir. Em qualquer circunstância, a qualquer momento, os ponteiros do relógio vão apontar que tem 18 pessoas que morreram por isso ou por aquilo.

Então é preciso muito cuidado. A própria distinção, por exemplo, do criminoso, do assassino perverso e do psicopata. Fica aí o direito e a psiquiatria, principalmente a psiquiatria forense, numa discussão que absolutamente não conduz a nada. A não ser em alguns estados americanos, para a câmera de morte. Aqui no Brasil, muito pior que a câmera de morte, é a tortura permanente nessas prisões que o sadismo do estado brasileiro cria. É a oligarquia brasileira atuando, cujo sadismo cria pequenos campos de concentração.

Pequenos em termos só éticos, talvez. Mas nem sei se são éticos realmente, porque aqui no Brasil eles são muito voltados contra os negros. Existe também aí um jogo étnico, tal qual havia lá com os judeus. Mas aí como é que você distingue por exemplo, um diretor de uma penitenciária nos Estados Unidos, que leva um sujeito a câmara de morte, e o assassino? Até onde ele é psicopata?

Essa pergunta me é sempre formulada, e eu fico perplexo com a ventilação do problema. Como assim?

Um sujeito normal, ele estupra uma criança e mata? Mas como 'assim? O que é normal nessa hipótese? Agora se ele não é normal, como ele pode ser submetido ao processo regular de caráter enquadrável pelo Código Penal, se ele não é normal?

É obvio que a nossa cultura não tem nenhuma resposta lógica para essas questões que estão além da lógica, fogem da lógica. Elas estão nesses conteúdos. Os latinos tinham uma expressão interessante para isso: mal traduzido, "ardor tremendo". Quer dizer, essa sensação tremenda que a gente tem diante do espetáculo do mundo, incompreendido e incompreensível.

R: Dentro dessas perspectivas, do incompreendido e do incompreensível, o tema é a ideia é do carisma. A ideia do carisma em determinados momentos tende para o messianismo, em outros momentos tende para a destruição de um povo, ou para a maluquice do povo, como se quiser entender. Mas também pode tender à organização do povo, ou a organização de valores, que seria uma religião. Dentro de todas essas possibilidades de uma única qualidade, fale um pouco da ideia do carisma.

G: Desde muito cedo, até por causa da minha formação filosófica, política, religiosa e assim por diante, eu sempre me interessei muito pela influência que determinados sujeitos tem sobre o grupo, sobre a massa, sobre outras pessoas. Na escala de persuasão, na escala do convencimento, da sedução, da manipulação de opinião pública, da condução de destino dos grupos e dos povos. Talvez exatamente motivado por esse interesse, desde muito cedo eu procurei prestar atenção a esses fenômenos. Desde o colégio eu percebia. Ainda mais que eu tive o privilégio de estudar em um colégio de missionários protestantes americanos de Juiz de Fora, o Instituto Granbery.

O Instituto Granbery, embora fosse protestante, já sofria um pouco da influência neo-pentecostal que posteriormente passou a ser poderosíssima e maciça no Brasil. A gente sabe que o neo-pentecostal, em grande parte se estabelece em cima dessa ideia carismática. Ideia essa, que acabou inclusive voltando à sua influência para a Igreja Católica, que não teve como fugir da questão do carismático.

Então a primeira grande personalidade carismática que na infância eu conheci, foi um missionário norte americano Walter Harvey Moore. Uma grande figura, extraordinária figura, que teve muito peso na minha formação. Um sujeito de convicções morais. Um exemplar de solidariedade humana, e antes e acima de tudo, um condutor de gentes. Ele estava no interior de Minas, onde havia influência pesadíssima da Igreja Católica, inclusive da Ação Integralista Brasileira, e ele, embora norte americano, conseguiu conquistar a simpatia da população da cidade. Ele era chamado de Mr. Moore, o que hoje se transformou numa legenda, não só no Brasil mas até nos Estados Unidos.

A partir daí, fui conhecendo pouco a pouco, e sempre fiquei muito motivado, com a relação pessoal indireta. Ainda garoto, eu acompanhei a visita de Getúlio Vargas a Juiz de Fora. Foi num dos dias que o Estado Novo costumava celebrar, e isso faz parte da parafernália do entorno do carisma, e Getúlio sabia explorar isso através do DIP (Departamento de Imprensa e Propaganda). Tinha todo um processo extraordinário que era chefiado pelo Lourival Fontes, que tinha esse objetivo mesmo. Porque se você observa, por exemplo, Getúlio Vargas em termos de aparência pessoal, teoricamente ele seria um sujeito totalmente despreparado para a máscara do carisma.

Ele era extremamente baixinho, barrigudo, feioso, mas ele sabia perfeitamente usar os signos que são capazes de servir como catalizadores da identificação das pessoas. No caso dele, por exemplo, o charuto. O charuto é um instrumento óbvio, associado a uma imagética fálica de poder. Ele não tirava o charuto da boca, numa época de cigarrinho de palha. O próprio chapéu que ele usava, um chapéu de Panamá. Então ele tinha todos os requintes cuidadosos.

A oratória do Getúlio tinha a melodia e o cantochão quase monocórdios: "Trabalhadores do Brasil..." Tem um caráter, que eu diria que remete ao hipnótico. O hipnótico remete ao tantan da selva; o tambor africano que faz com que as pessoas pensem menos e sintam mais.

Daí para frente eu sempre tive essa curiosidade. Olhei o Getúlio, um pouquinho mais tarde já na adolescência, eu estou falando de alguns nomes que me vem de imediato, Juscelino Kubitschek quando era prefeito de Belo Horizonte, e aí, eu já comentei esse caso, eu estou na esquina da rua Halfeld, e estou conversando com Sagrado Lamir Davi e vejo um homem descendo a rua. Tem um grupo atrás do homem, e eu viro para o Lamior e pergunto: "Quem é aquele sujeito?" e ele diz: "Aquele sujeito é o prefeito de Belo Horizonte, o nome dele é Juscelino Kubitschek". Eu virei para o Lamior e disse: "Ele vai ser Presidente da República". E foi! O sinete estava pronto. A leitura: bastava olhar e perceber; ou ele seria presidente da república, ou seria presidente da república!

Aquele homem ninguém segurava. Se você me perguntar como é isso? É uma adivinhação? Uma percepção sensorial? Como é que você teve essa adivinhação? Não tem nada a ver com adivinhação. Tem uma leitura. Eu acredito que no meu caso é oriunda de toda uma tradição filosófica, cultural política, religiosa que eu recebi do meu pai e da formação do colégio. Da minha mãe também e de toda tradição dessa somatória judaica protestante. Quer dizer, as circunstâncias me ofereceram elementos, que acabaram sendo instrumentais para essa ordem de análise.

Eu não me transformei em psicanalista através da faculdade de psicologia. Eu sempre fui um autodidata; então eu já era um psicólogo muito moço. Fui fazer Direito e Serviço Social, porque na época inclusive não tinha o curso de psicologia. Mas o meu interesse era compreender a alma humana. Os seus meandros, os seus ritos sinuosos e principalmente esse, dos jogos de poder através do carisma.

Como é que algumas pessoas exercitam isso sobre as outras pessoas? Como é que elas se submetem. Ainda mais porque os anos que eu vivi, foram anos em que a personalidade carismática marcou de maneira indelével a sociologia e a história dos tempos. Para o bem e para o mal. Roosevelt, Churchill, Stalin, Hitler, Mussolini, quer dizer, era através e em torno dessas individualidades que as correntes políticas e ideológicas se degladiavam. Os conflitos eram estabelecidos, também aqui no Brasil.

Desde muito cedo isso me fascinou. E não só no campo da política. Hoje mesmo eu estava pensando, faz vinte anos que Ayrton Senna morreu. O Ayrton, que foi uma grande experiência, extraordinária de vida que eu tive, trabalhar e conviver com o Ayrton É impressionante! Ayrton morto, ele é escolhido por 46% da população como o maior ídolo esportivo. Eu até usei uma frase numa entrevista, na qual eu falo que o Ayrton tinha o olhar da eternidade. Eu estou convencido disso.

Têm certos sujeitos que são imbuídos do seu papel grande no mundo. Indivíduos que desde muito cedo, ou por nascença, ou por vocação ou, por esforço, seja pelo que for fadado ao sucesso. Eu poderia desfilar para você nomes inúmeros da realidade brasileira com os quais, durante esses anos todos, eu trabalhei, privei, transacionei. Duas oportunidades por exemplo: com o presidente Lula, uma no sistema Globo de rádio, onde nós tivemos uma conversa, e a conversa acabou se transformando num debate, inclusive tenso, veemente, no qual ele falava das origens dele e eu falava das minhas. Ele do nordeste do Brasil e eu eu Ostrowiec, na Polônia.

Foi muito curioso, porque algumas das pessoas que estavam perto, eram esses elementos que sempre são os tietes que acompanham, achando que estavam protegendo o Lula, como se porventura Lula precisasse ser protegido de uma discussão acirrada, que era o que ele mais gostava, que é o que ele mais gosta. Aquilo que ele tem mais prazer. Então nós conversamos, discutimos, uma discussão bastante veemente, e quando terminou ele me pega pelo braço e faz questão de descer junto com o filho dele pela Rua das Palmeiras. Fomos para um bar conversar. E constatei na conversa sobre judaísmo seu estranhamento, uma espécie de neoantissemitismo.

No que se repetiu depois, quando a Silvia Popovic me convidou pra fazer a análise psicológica do Lula, diante do Lula, diante de uma câmera de televisão na TV Bandeirantes. Terminado, o Lula levanta e me dá um beijo. Por que o Lula me deu um beijo? Eu não tinha sido simpático, não sou nem em geral simpático! Por que ele me deu o beijo? Porque ele é um sujeito a maior. Ele não tem o entrechoque personalizado, ele não tem o senso mesquinho da planície. Ele tem o horizonte da montanha.

Que é o caso do Jânio. Eu atuei e trabalhei na campanha do Marechal Lott, outra figura extremamente carismática. Muita gente diz que Marechal Lott perdeu a eleição porque não era carismático. Mas que coisa mais reducionista. Eu ouvi inclusive frases do gênero: Lott era um candidato pesado de ser carregado. Ele não era pesado coisíssima nenhuma. Não era o momento e as circunstâncias não favoreciam a eleição dele. Favoreciam a eleição do Jânio Quadros com quem eu tive um debate no programa da Xênia Bier. Eu estou ali conversando com a Xênia e entra o Jânio, e eu tinha uma posição antagônica ideológica. Eu tinha feito a campanha do Marechal Lott e a minha posição era da esquerda nacionalista. Em questão de minutos eu fui conquistado, seduzido pelo charme do Jânio.

Mas que charme era esse? Era um charme de professor de Vila Maria, que é um "uomo qualunque"; um homem qualquer. Como Jango era um homem qualquer e é um paradoxo, como Ayrton Senna era um homem qualquer?

R: Qual é a base deste paradoxo? Como pode um homem qualquer se transformar em sedutor, pessoa que move, seduz.

G: Engraçado, você falou seduz e eu acabei ouvindo Jesus. Eu acho que talvez não exista um exemplo mais extraordinário de um homem comum, na minha opinião, me desculpem os religiosos, ou melhor ainda, me desculpe aqueles que fazem parte de religião, porque os religiosos vão entender o que eu estou dizendo: Mesmo para quem acredita piamente na condição messiânica de que Jesus era um messias, ele há de compreender que Deus elege exatamente um homem comum.

Porque este é um contexto teológico da ideia do Messias, de Jesus. Mais do que ninguém, o tempo todo, ele dá a demonstração de simplicidade. se aproximando dos pobres. É difícil imaginar o quanto.

Você imagina que só o presidente do Citibank de Nova Yorque pretende ser carismático? Jamais! Não existe isso. Em Nova Yorque, o que pode existir na minha opinião, isso sim, é um sujeito como Roosevelt, paraplégico, que se transforma num sujeito irresistível. E quem você queira. São sempre sujeitos que se identificam com aquilo que cada um de nós tem de mais humano.

Voltando aí com Senna era exatamente isso: Ayrton Senna do Brasil! De certa maneira, é como se ele se multiplicasse através de todos.

R: Quer dizer então que essa ponte é feita, como você falou no início de Getúlio, de signos. Da utilização de signos, na medida em que a pessoa não tem medo de se apropriar dos signos e de recriar esses signos de uma forma que eles façam sentido para o homem comum, que eles também são. Você acaba tendo a possibilidade de identificação muito grande com essa pessoa, porque você entende o que ele está falando e ele de alguma maneira não te põe medo. Ele cria algum tipo de mimésis entre a sua opinião e a opinião que ele está expressando?

G: Você usou aí um raciocínio que eu acho que facilita muito a compreensão do carisma. Você falou; "...não tem medo". Se existe algo comum, que eu vi por exemplo num jogador de futebol, com o Sócrates, com o Giba, o jogador de vôlei, o Brizola, enfim, com várias dessas pessoas. O que sempre chamou muita atenção e e eu dou muita importância nessa questão é a expressão do corpo. No entendimento do carisma, é o olhar. Se você presta atenção, é um olhar que passa através de você. Mas passa através de você porque?

Eu agora nesse momento estou falando com você, me lembrando de um instante. Eu estou tomando café da manhã com o Brizola. O Brizola desce pelo elevador e estende a mão para mim. Aquilo me impressionou muito, porque seu olhar coincide com o olhar do Ayrton Senna. E íamos sair do Hotel Maksoud para o velório do Senna, em seguida.

O tempo todo a impressão é assim: que o olhar desse tipo de sujeito, é o olhar que leva em conta você, que leva extremamente em conta o outro. Ninguém é desimportante para o sujeito carismático! Mas ele não se limita em você. Ele passa através de você. Tanto é que a expressão "visionário" na minha opinião, ela é muito aparentada com conceito do carismático. O quixotesco, ele é capaz de viver também no outro mundo.

R: O quixotesco de alguma forma se fecha em si mesmo. O juízo de realidade dele não é compartilhado com mais ninguém.

G: Não é! Mas de qualquer maneira você vê que tem algo comum entre o quixotesco e em geral, os carismáticos. Porque dificilmente o carismático tem a completude em vida, do concreto. Em geral fica um gap entre o que ele pretende e seu grande sonho.

Nós estávamos falando de político e assim por diante. Por exemplo o Jango, a respeito de quem eu estou acabando de escrever um ensaio, com uma análise psicológica: João Goulart. Muita gente empresta à Jango deméritos injustos.

Desde alegando que ele era não era um estadista, que ele era um político menor, um oportunista que cresceu a sombra de Getúlio Vargas. E finalmente que era um covarde, por não ter resistido à investida totalitária e integralista fascistoide do Mourão Filho, este sim um paspalho amalucado.

É muito interessante porque às vezes o sujeito se pretende um herói, e na realidade, em termos de história, não passa de um palhaço. Tanto é que ele mesmo se intitulava "uma vaca fardada". De um lado a gente tem então uma vaca fardada, e de outro lado, na minha opinião, esse sim, um herói capaz de renunciar a uma resistência, que teria levado o Brasil a um massacre absurdo.

O Jango na minha opinião tinha isso. É muito interessante porque antes, eu tinha falado do olhar. O Jango não olhava nos olhos de ninguém. Era uma das características do Jango. Ele tinha aquele andar de marinheiro, por causa da perna, problema que ele tinha por causa do aleijão, e ele manquejava. Mas o Jango, na minha opinião, é a figura central daquela década. Ele foi expurgado. Ele não é levado em conta. Como se praticamente ele nao existisse. Como se ele não tivesse tido importância nenhuma e por que isso?

É muito curioso, eu não tenho dúvida nenhuma, que um pouco mais cedo, um pouco mais tarde, vai haver o resgate da figura dele. Porque essas figuras não ficam no limbo da história. Elas acabam emergindo exatamente pelo carisma. De alguma maneira vai passar.

R: Na verdade, a esquerda também contribui bastante para esse esquecimento de Jango, porque foi o homem que teve medo de ser um herói.

G: No sentido talvez da frase extraordinária do Bertold Brecht: "Pobres dos povos que precisam de heróis!". Eu acho muito importante distinguir nessa questão toda a coragem autêntica, generosa, do Jango no discurso histórico sindical, que muitos acham que foi o pretexto para o golpe militar. Ele foi corajoso, ele só teve a autenticidade de dizer do que o Brasil precisava, como aliás continua precisando, tantos anos depois, de reforma agrária, mudança no sistema de ensino, discussão do papel das forças armadas. As questões todas que ele colocou continuam em pauta e ainda não foram resolvidas.

R: Dentro da idéia do carisma, a política então seria uma atuação mediada por pessoas da mais diversas qualidades carismáticas, mas também por pessoas das mais diversas mediocridades. Nesse sentido, tentando resgatar o início da nossa conversa, sobre o que o psicótico, neurótico, nós sabemos que no meio dessas milhares de pessoas que fazem política, certamente a psicologia comum enquadraria fulano como tal, ciclano como tal e beltrano como tal.

O que faz com que todas essas pessoas, independente agora do seu carisma ou da sua mediocridade, se lancem numa tentativa conquistar o espaço público?

Hoje em dia, mas também já desde 1960, de um espaço midiatizado, e de alguma maneira uma tentativa de idolatria de si mesmo?

G: Eu acho que a política tem o poder que a gente poderia chamar "libidinoso", o poder de gozo, de satisfação, da intensidade e da exuberância de viver. Através da política, mais do que talvez qualquer outra atividade humana, você vê a possibilidade de mudança, nos jogos do real, da sociedade. Isto na minha opinião tem duas grandes veredas: uma delas é o interesse pessoal e narcísico. Aí você vê o corrupto, o canalha, o medíocre, o infame.

Nós sabemos que grande parte da história política do Brasil se faz mais nas páginas policiais dos jornais, do que realmente nas páginas de reflexão. Aliás são pouquíssimas na nossa mídia. Cada vez mais a mídia é usada como instrumento desses interesses mesquinhos de grupos de controle. A mídia brasileira é pautada por anúncio e campanha.

Mas de outro lado, sem dúvida nenhuma você encontra essas pessoas vocacionadas para o bem comum. Simplesmente o sujeito que tem a virtude, no conceito latino do sujeito virtuoso. O sujeito que sacrifica inclusive interesses pessoais, em nome do bem público, em nome do outro.

Se em outras épocas da história essas personalidades — Joana D'Arc — essas personalidades se ofereciam através da religião, da fé e do fanatismo. Hoje muitos se dedicam sim, à política. O grande problema sempre é fazer a distinção verdadeira, independente de questão ideológica, daqueles que tem essa vocação, e aqueles outros que até usam os seus poderes pessoais, os seus recursos humanos, para corresponder à interesses menores.

Na verdade são traidores da esperança daquilo que o ser humano tem de mais deslumbrante, que é a crença no outro. Quando você trai a crença que o outro deposita em você, é pérfido.

R:Vou fazer a última pergunta: É pérfido, mas aparentemente agora no século 21, a esquerda é sempre a tentativa daqueles que acreditam no outro, ou na possibilidade de convivência e cooperação com o outro. A direita é basicamente aquela que não acredita no outro. É aquele que imagina que ele é melhor que o outro e poderia hierarquizar o processo liderado por ele mesmo. E isso poderia trazer benefícios pessoais. Aparentemente é mais ou menos isso, pois esquematicamente está assim dividido. Nesse sentido, por que a maior parte das pessoas, namora mais com a direita do que com a esquerda, mesmo sabendo a escolha da esquerda é que iria indiretamente beneficiá-lo?

G: Na minha perspectiva, eu não vejo a esquerda como uma realidade homogênea. Eu acho que existem muitas esquerdas, e uma direita. Existe uma direita, na minha opinião, que de alguma forma pretende ser a frenagem da história.

Pretende que a sociedade permaneça infantilizada, enquanto uma casta possa deter o poder. Seja o poder da cultura, da academia militar, social, financeiro ou religioso e assim por diante. Em todas as atitudes e todos os níveis.

Na esquerda existem várias esquerdas. E existe principalmente dentro da esquerda, matizes que na realidade são profundamente de direita. Não vamos esquecer que Hitler chefiava um partido que se chamava Nazional Sozialistische Deutsche Arbeiter Partei, Partido Nacional dos Trabalhadores Alemães. Ele alegava que era nacional — socialista, chegando ao extremo de usar as músicas que eram músicas compostas pela esquerda, eram hinos revolucionários, e eles passaram a usar para a propaganda do Goebbels.

Então é preciso muito cuidado com essa ideia. Agora, feita essa depuração, a minha posição, é pública, é anarco-socialista. A minha posição é da liberdade individual extrema, absolutamente extrema. Eu costumo dizer e repetir : não existe liberdade mais ou menos. Ou é livre, ou não é.

O ser humano não tem outra alternativa: nós nascemos e tendemos para a liberdade. O socialismo tem que ser uma forma de distribuição de riqueza, só e única e exclusivamente. No momento em que se transforma em aparelho de poder, está se aproximando da direita e do fascismo. Isso aconteceu principalmente na Guerra Civil Espanhola, que foi um microcosmo de todos esse conflitos. E esta é acima de tudo uma das tragédias da esquerda, que talvez explique isso que você perguntou.

Por que a população acaba tendo um flerte com a direita? É uma das explicações. A outra explicação, sem dúvida nenhuma, é a covardia. O sujeito para ser realmente libertário, ele tem que ter coragem de enfrentar todas as fórmulas cômodas de adequação. Ele tem que se movimentar. O movimento exige bravura, não braveza. A direita é histérica, a direita é histórica e a Anarquia é a liberdade.

Terceiro diálogo – Só pobre sofre por inteiro

No terceiro diálogo, Jacob Pinheiro Goldberg discute o sofrimento e a angústia psíquica. Seria a doença psíquica uma decorrência de um desajuste social ou uma impossibilidade da pessoa conviver com ela mesma? Segundo Goldberg, o sofrimento psíquico se origina de duas grandes realidades. Uma, é a fragilidade e a vulnerabilidade do ser humano. Diante da realidade do mundo, o ser humano é física e emocionalmente muito pequeno e frágil. Daí sente-se ameaçado, e do medo decorrem todos os sofrimentos e as dores emocionais.

A dificuldade das pessoas em enfrentar essa realidade ameaçadora, perturbadora, resulta num desequilíbrio interno. Por mais que o ser humano tenha recursos e dotes, não tem preparo suficiente para entender seu papel diante do real.

Portanto as pessoas construíram, desde os primórdios da história, as arquiteturas de proteção. Das mais diretas e simples, como o vestuário, até os elementos de imaginação, os recursos de invenção, as todas as posturas psíquicas e físicas para conviver com esta aflição.

O processo até agora foi conturbado, complexo, confuso, mas aponta numa direção de esclarecimento, de apoderar-se muito lentamente da inteligência, para entender todos esses fenômenos de exterioridade, e a repercussão desses fenômenos na interioridade da pessoa.

Para Goldberg, há uma correlação entre a infância, a adolescência, a idade madura e a senectude, que é: na infância se entende muito pouco, portanto se fantasia e se inventa. Na adolescência a pessoa descobre que tem alguma força, algum entendimento e alguma compreensão, e tenta usar isso como defesa e em seu benefício.

Na idade adulta o ser humano alterna entre se imaginar potente ou onipotente. O adulto se imagina em condições de dobrar o próprio mundo. Neste momento reinventa as armas, a arte, a fé religiosa, e todos os recursos e manobras para suportar o isolamento diante do Todo, do cosmo.

Na senectude tem a percepção sensorial, intelectual e acionada por todos os medos, pois definitivamente tem de compreender que essa identidade vai deixar de existir. E quais as saídas então, diante dessa realidade final? Uma é o desespero, com todas as máscaras que o desespero pode vestir; e outra, a sabedoria e o mergulho nesse Todo.

Cada pessoa encontra sua forma e suas maneiras, de percorrer essa saga. De alguma maneira toda a narrativa e toda a documentação da condição humana, é o registro da experiência pessoal, social e grupal. Essas experiências humanas abrigam duas realidades realidades conflitantes e decisivas. Uma, o intuito de construir, outra, o desespero da destruição.

Para Goldberg, este é o motivo pelo qual não existe psicologia fora do contexto social. O escravo tem uma psicologia, o senhor tem outra psicologia. Toda visão do psiquismo humano, toda a perspectiva está eivada, viciada, predisposta, pós-disposta pela sua condição econômica e social.

Neste sentido, o rico tem condições de sofrer menos. O pobre sofre por inteiro. O despossuído não tem condição de minorar seu sofrimento. O tratamento psicológico é um paliativo para o sofrimento humano.

Goldberg se pergunta se cada um de nós nasceu aqui como um aborto da natureza que deu certo, ou é uma representação simbólica da imagem e semelhança de Deus, que tem um compromisso permanente de se transformar e transformar o mundo?

O ser individual, somente na posição de não escravo, teria a oportunidade de escolha real da sua narrativa pessoal, se dentro da realidade daquele fragmento de vida em que se encontra, pudesse encará-lo de uma maneira a diminuir o seu próprio sofrimento.

Porém, existem sociedades como a brasileira, que de alguma maneira compactuam com a ideia sadomasoquista de exploração do outro, principalmente a exploração étnica dos negros. Pode-se opor a isto pela religião, como foi a marcha no Sinai dos escravos libertos do Egito, com a emancipação da mulher, do homossexual, do negro, da criança, do velho, do rico e do pobre, do ser humano, do belo e do horrível. É só a partir desse patamar de independência, que o ser humano pode fazer sua opção moral. As duas alternativas dessa opção moral são, viver a sua vida em plenitude, inserido no cosmo; ou destruir o outro, se destruir e destruir o mundo e a natureza.

* * *

Renato Bulcão: Na primeira conversa nós falamos a respeito da fragmentação da pessoa. Na segunda conversa nós falamos a respeito das possibilidades daquilo que era considerado doença, e especialmente de uma qualidade especial do ser humano que seria o carisma. Nessa conversa eu gostaria de fazer uma pergunta que é subsequente: O sofrimento, a angústia psíquica, ela é decorrência de um desajuste social, como muitos advogam, ou ela é decorrência ou ela é uma impossibilidade do ser conviver consigo próprio?

Jacob Pinheiro Goldberg: Certo. O sofrimento psíquico se origina de duas grandes realidades. Uma delas a fragilidade, a vulnerabilidade do ser humano, tanto física como emocional, diante da realidade. A realidade aí, vista como a condição do mundo. Dentro da condição do mundo, o pequenino ser vivente humano, se enxerga, se percebe extremamente frágil e ameaçado. Daí o medo, e do medo todos os sofrimentos e dores emocionais, decorrentes.

A dificuldade de enfrentar essa realidade ameaçadora, perturbadora, ela sempre implicou num desequilíbrio. Num desequilíbrio interno. Por mais que o ser humano tenha recursos e dotes, ele não tem o preparo suficiente, para entender ainda, o seu papel diante desse real.

De outro lado, como é que as pessoas construíram, desde os primórdios da história, as arquiteturas de proteção. Das mais diretas e simples, desde o vestuário, até os elementos de imaginação, os recursos de invenção, as formas todas mentais e corporais, para conviver com esta aflição?

Tem sido um processo extremamente conturbado, complexo, confuso, mas que sem dúvida aponta numa direção de esclarecimento, e de apoderar-se muito lentamente, de elementos de inteligência, para entender todos esses fenômenos de exterioridade, e a repercussão desses fenômenos na interioridade da pessoa.

Fazendo uma correlação, que é uma das maneiras pessoais minhas, mas que também é o tecido básico da minha forma de entender e me conduzir na vida: fazendo portanto uma correlação infância-adolescência- idade madura-senectude.

Fazendo um paralelismo: na infância eu entendia pouco ou não entendia quase nada, ou não entendia nada. Portanto eu me limitava a inventar. É o campo da fantasia e da invenção.

Na adolescência eu me debatia. Você descobre que tem alguma força e algum entendimento e alguma compreensão, e tenta usar isso como defesa e em seu benefício. Na idade adulta você se imagina entre potência e onipotência. Você se imagina em condições de dobrar o próprio mundo. Aí você inventa, não mais lá atrás, o fogo, mas você inventa agora as armas, a religião, a arte, a fé religiosa, todos os recursos e manobras para suportar o isolamento diante do Todo, do cosmo.

Na senectude tem a percepção sensorial, intelectual e acionada por todos os medos, de que você definitivamente vai ter que compreender que essa identidade vai deixar de existir. Desta forma vai deixar de existir. E quais as saídas então, diante dessa realidade final, perante a realidade total? Basicamente são duas: uma, o desespero, com todas as máscaras que o desespero pode vestir; a outra, a sabedoria e o mergulho nesse Todo.

Me parece que mais ou menos este é o mapeamento. Cada pessoa encontra suas formas e suas maneiras, de percorrer essa saga. Essa é uma aventura sem volta. De alguma maneira toda a narrativa e toda a documentação da condição humana, é o registro da experiência pessoal, social e grupal.

Acontece que dentro de todos esses jogos, existem duas realidades íntimas do ser humano, que são realidades conflitantes, mas são decisivas. Uma, o intuito de construir. Outra, o desespero da destruição.

E você percebe todas as utopias políticas, sociais, que aconteceram no século vinte de uma maneira dramática, como uma grande ópera. Talvez por causa do cinema e principalmente, depois pela televisão, em termos de imagética.

Existe um instante que sempre me impressionou muito. Quem fala desse instante muito bem é uma descrição feita pelo escritor Isaac Deutscher em "Profeta Armado" ou na biografia do Stalin. De qualquer maneira, é nesses estudos em que ele conta uma cena que me parece muito significativa. O Politburo da União Soviética estava reunido. Estavam presentes Trotsky e Stalin. Um dos dois iria ser escolhido naquela reunião secretário geral do Partido Comunista da União Soviética. O partido, que acenava com a possibilidade de uma sociedade com o mínimo de dor. Era a promessa da utopia messiânica que o comunismo, naquele instante prometia. Os dois estavam presentes: de um lado o seminarista, Stalin, de outro lado o intelectual Trotsky. Os dois discutindo, e a partir de certo instante fica evidente que a escolha iria recair em favor de Stalin, não obstante o testamento político de Lenin que apontava na direção de Trotsky.

Trotsky, impulsivo, genioso e genial, hipersensível, mas um homem profundamente ligado à generosidade, solidariedade, compreensão, portanto construção se aborrece profundamente quanto tem a percepção de quem vai ser escolhido é Stalin, o individuo violento, o sujeito arbitrário e, portanto perigoso. Ele se levanta abandonando a reunião, com a impressão de que ao tomar aquela atitude, os camaradas se levantariam e iriam atrás dele. Acreditando que aquele gesto teatral iria marcar historicamente o retorno.

Bom, Trotsky se levanta e de maneira teatral se dirige para a porta, abre a porta e sai tentando bater a porta. A cena é muito bem descrita por Isaac Deutscher. Acontece que as portas dos palácios russos não estavam azeitadas. E a porta se fecha lentamente, criando um anticlímax. Aquilo que poderia ser o impacto, o abalo sonoro marcante, com todos os significados de ruptura, acaba se transformando em um movimento quase chaplinesco e quase grotesco. Um movimento menor na grande cena histórica.

Acontece que a história é feita sempre pelos movimentos menores e pelas possibilidades não realizadas. E é nesses movimentos menores que reside grande parte do sofrimento humano. Desde a época da ditadura no Brasil, que se discute a questão da distribuição da riqueza. O Brasil tem a sétima, oitava economia do mundo. Só que a distribuição da riqueza no Brasil ela equivale mais ou menos ao centésimo lugar no ranking internacional. Sob o ponto de vista político, a questão da miséria no Brasil poderia ser resolvida em trinta dias. É questão de dias.

Nós já tivemos aqui um estudioso, que de forma irônica disse que a constituição da República deveria ser só um artigo: "Todo brasileiro é obrigado a ter vergonha na cara. Parágrafo único: ficam anuladas as disposições em contrário!" Realmente isso é verdade. As classes dirigentes no Brasil não tem vergonha na cara e não têm inteligência suficiente pra resolver, o grande problema, do maior sofrimento do povo brasileiro. De onde nós viemos e onde nós estamos. Nada justifica absolutamente nada, em termos de economia: o desemprego, a fome e as condições de miserabilidade.

O país é muito rico, ele não é rico, ele é muito rico! Alguém então pode perguntar: se é tão simples assim por que não se faz? A resposta me parece também muito simples. Por perfídia, meramente por perfídia, por sadismo. O ser humano tem no seu psiquismo o traço sádico, que é traço destrutivo. Que é vontade de mutilar, torturar, matar. De ter gozo no sofrimento alheio. Então, tentando responder a sua pergunta, é a conjunção desses dois fatores, que na minha opinião agravam o sofrimento humano. Portanto existe o sofrimento, que é impossível de ser resolvido, que está ligado à própria natureza da nossa condição. Tem também o outro sofrimento, que é o sofrimento construído sistematicamente pela intenção de destruir.

R: Tentando ver a sua resposta por um outro ângulo, eu tenho os seguintes elementos: o sofrimento individual do homem comum, nasce a partir da dificuldade de acompanhamento da sua própria narrativa de vida.

Voltando um pouco atrás, essa narrativa de vida não é coesa, ela é múltipla, na medida em que a pessoa é constituída de fragmentos de histórias, que ele vive ao mesmo tempo, com as diferentes pessoas e ambientes com quem ele trata. Nesse sentido haveria um contexto, e esse contexto acaba direcionando a própria vivência da história individual, que é o contexto histórico.

Contexto maior no qual a pessoa tem a sorte ou azar, de nascer e viver, construindo portanto, as suas narrativas. Dentro desse contexto histórico, além de eventuais traços sádicos de pessoas que estão no poder, mais importante seria efetivamente a ideia, da possibilidade de como criança, adolescente, homem maduro ou idoso, seria poder a pessoa atentar às narrativas dos problemas menores. Porque justamente dos problemas menores, é que sairiam as escolhas para a continuação das narrativas.

Justamente esses problemas menores, que me pergunto se são mais cotidianos ou se são mais extemporâneos, que eventualmente determinam as escolhas para a continuidade da narrativa, que tornariam a vida da pessoa um pouco mais angustiada ou aflita? Ou não? Qual é a ideia?

G: Quando eu falei da questão do sadismo, eu quero deixar bem claro, que a minha concepção de sadismo engloba o traço masoquista. Até um determinado instante se imaginava, que o sadismo e o masoquismo seriam quase as manifestações opostas do psiquismo. Não são. Elas compõem o mesmo núcleo de sofrimento, de dor, tomando só características e especificidades diferentes.

Explicando melhor: Abel, ele quer morrer. Abel municia Caim com a arma que vai matá-lo. Portanto ele é cúmplice do fratricídio. É exatamente isto. O papel que a mulher acaba exercendo de submissão, diante da ditadura masculina; o papel que os grupos humanos em geral, acabam estabelecendo vítimas e algozes, é um cenário que tem que ser desmontado. Precisa ser desmontado o tempo inteiro.

Só existe o carrasco, porque o prisioneiro fica dentro da cela. Hoje, enquanto nós estamos aqui conversando, eu calcularia que pelo menos dez por cento da população brasileira, vive em condições absolutamente sub-humanas. Em termos de saúde, em termos de escolarização, enfim em todos os termos. O sujeito desfila com um automóvel Mitsubishi pela Avenida Paulista. Tem uma criança famélica na esquina pedindo esmola.

A construção mental do dono do Mitsubishi é: Essa criança está sendo manipulada pelo pai que é um vagabundo que não quer trabalhar. Eu sou um sujeito privilegiado porque eu trabalho, então Deus me escolheu pra ser milionário. Esta arquitetura faz com que eventualmente essa criança na adolescência venha matar esse dono do Mitsubishi, que por sua vez, fará de tudo para prender o futuro bandido, baixando a idade da maioridade penal. Primeiro para 16 anos, depois para 14 e nos Estados Unidos em alguns estados praticamente não existe esse conceito. Uma criança que pega a arma do pai e dá um tiro no irmão com quatro anos de idade, é condenado a prisão perpétua.

Aqui não precisa ser condenado a prisão perpétua, porque a própria estrutura da sociedade vai matar essa criança, ou de fome ou de acidente de trânsito. Para dar um jeito de liquidar através de um genocídio, que tem muito de etnocídio contra o negro. Porque é em cima desse etnocídio, que nós temos a prevalência do branco no Brasil.

E tudo isso é feito com nossa cumplicidade. Eu ouço muito pessoas dizendo que na Alemanha se matou seis milhões de judeus o que seria inexplicável. Fica essa discussão essa polêmica vazia: os alemães sabiam ou não sabiam o que estava acontecendo?

Aí eu pergunto: e os brasileiros, eles sabem ou não sabem que tem quinhentas mil pessoas presas em penitenciárias quase em condições de campos de concentração. Sabe sim! Todo mundo sabe! Político sabe, a dona de casa sabe, quem está andando na rua, sabe. Quem é que não sabe que a empregada doméstica que vai na sua casa lavar roupa, ela vive muito pior que um escravo da senzala? Vive muito pior! Ela passa quatro horas na condução para vir, e quatro horas para voltar para a casa dela. É condição de escrava mesmo! Não obstante isso, as nossas colunas sociais da nossa mídia, que se diz libertária, que se diz democrática e republicana diariamente (e nós somos obrigados a engolir este gênero de manipulação de mentira), afirma que nós vivemos em um Estado de Direito.

Direito do que? Eu escrevi um livro "O Direito no Divã" organizado pelo meu filho Flávio. Ele sugeriu que a gente dedicasse o livro ao Luiz Gama, o advogado filho de escravo, que defendeu o direito do escravo, na hipótese do dono dele se recusar a libertá-lo, de matá-lo, alegando que o escravo não tem vida.

Hoje no Brasil nós temos algumas milhões que realmente não tem vida. O sujeito que vai procurar socorro no SUS e nos chamados melhores hospitais de São Paulo, encontra por trás até destes melhores hospitais, a indústria farmacêutica. Esta indústria vai fazer você usar o remédio que mais vai dar lucro. Servindo ou não a sua saúde!

R: Eu quero voltar ao início. Isso significa que obrigatoriamente todas as decisões de qualquer pessoa, seja aquela que acredita que Deus a escolheu pra ser rica, seja aquela que acredita ou não em Deus, mas de alguma maneira vive uma vida sofrida e sem a menor oportunidade, será que todas as escolhas e todos os problemas menores que acabam ditando o eixo das suas narrativas de vida?

Eles são obrigatoriamente inseridos num contexto social? Colocada a questão de outra maneira; será que existe psicologia fora do contexto social?

G: Não existe psicologia fora do contexto social. O escravo tem uma psicologia, o senhor tem outra psicologia. Começa que o senhor faz psicanálise; o escravo engraxa as botas. Toda a psicologia, toda a abordagem, e toda a visão do psiquismo humano, toda a perspectiva está eivada, viciada, predisposta, pós-disposta pela sua condição econômica e social. Só que isso não é o todo. Isto é pré requisito.

Igualdade social não é nem sequer um programa marxista, é da constituição da nossa república! Todos os direitos estão inseridos na nossa constituição. O sujeito tem que ter direitos básicos pra ele ser uma pessoa. Senão ele não é uma pessoa. Ele é um escravo! O resto é jogo de cena de uma cultura que é totalitária. Se não quiser usar esta palavra com alguma conotação política, use totalista, que no final é a mesma coisa. É o uso do ser humano em benefício de outro ser humano, ou de grupos. Esse é o pré requisito. Só depois de resolvido esse pré requisito, e nesse aspecto a minha concepção é absolutamente marxista, só depois de resolvido isso, é que nós passaremos a segunda etapa. É a etapa do entendimento para suavizamento, das angústias e das aflições do sofrimento humano.

Só rico tem condições de sofrer menos. O pobre não, esse sofre por inteiro. O despossuído não tem condição. Às vezes se usam aí expressões do gênero: conquista da cidadania. Eu tenho acompanhado por décadas os dois processos. Desde muito cedo, eu tive consciência de uma intenção que eu acredito que eu levei à prática. Eu tive a intenção de inscrever na sociedade brasileira e no imaginário da sociedade brasileira, a psicologia como uma das ciências de saída pra crise do humano.

Eu acho que eu fiz isto, através da grande mídia, TV Globo, Estadão, Folha de São Paulo, os principais jornais e os principais instrumentos de comunicação. Durante o tempo que eu pude e com circunstâncias que foram permitidas. Eu tentei sempre ocupar o nicho, o bunker, com a absoluta consciência de que os lugares eram poucos, e por pouco tempo. Mas eu hoje tenho absoluta informação, através até da reação da opinião pública, de que eu exercitei esse papel.

Eu comecei na TV Tupi atingindo sempre as grandes massas. Eu acho que eu consegui usar uma linguagem direta e transparente para as grandes massas. Consegui usar uma linguagem científica e trabalhada, para aqueles que tinham recursos de assimilação e de gestão das ideias. Esse é o papel que escolhi, que tenho escolhido e que tenho exercitado. Eu sempre tive consciência que se tratava de uma opção revolucionária. Essa sempre foi a minha posição. Dessa maneira, eu passei todos esses anos. Nunca ao largo, sempre fazendo um esforço permanente de participação. Em cada episódio da história brasileira.

Isso desde a poesia até o esporte. Eu me lembro de uma das vezes em que eu fui a um programa de televisão e o apresentador, por sinal um sujeito que era um capacho de direita na televisão, tentando criar um constrangimento para mim perguntou, desqualificando minha participação: "É doutor Jacob, o senhor acaba de fazer essa exposição, mas o senhor seria capaz de participar do quadro com as mulatas do Sargentelli? Eu disse: não só sou capaz de participar, como vou dançar com elas e eu dancei com as mulatas do Sargentelli diante da televisão brasileira. Para escândalo do conceito de escola enclausurado dentro das universidades, tentando mudar o mundo e transformar o mundo com discursos de esquerda e políticas de direita!

Eu me neguei a esse papel e me nego esse papel. Mentalmente, filosoficamente e corporalmente eu tenho a minha opção. A minha opção é a psicanálise, tem um compromisso na minha opinião, como a religião deveria ter, como filosofia deveria ter, como o saber deveria ter, com a dor e sofrimento humano.

Tratamento é só isso. É paliativo para o sofrimento humano. De que maneira isso acontece, se através de aplicação de agulhas pela acupuntura, se através da catarse, se é por meio de lacanianos, freudianos, junguianos, ou seja, quais forem, tudo isso é menor. Se a assunção disso se fará através de uma bandeira, de uma ordem, ou de outra ordem, na minha opinião isso não é o ponto nodal da questão.

O ponto nodal da questão, sempre o tempo inteiro é: cada um de nós nasceu aqui como um aborto da natureza que deu certo? Ou cada um de nós é uma representação simbólica da imagem e semelhança de Deus, que tem um compromisso permanente de se transformar e transformar o mundo?

R: Só uma última questão pra gente fechar esse tema. Isso significa então, que o ser individual, somente na posição de não escravo, tem a oportunidade de escolha real da sua narrativa pessoal?

Portanto ele teria, como o senhor mesmo usou a palavra, a possibilidade de dentro da realidade daquele fragmento, encará-lo de uma maneira a diminuir o seu próprio sofrimento. Porém, existem sociedades como a nossa, que de alguma maneira compactuam com a ideia sadomasoquista de exploração do outro.

No caso mais específico do Brasil, de uma exploração étnica, dos negros. Nesse quadro geral, permitem-se fazer escolhas de narrativas, que podem ser através da igreja, ou através dessa ou daquela forma de terapia. Excluem assim qualquer outra possibilidade, até mesmo de coexistência, com essa outra parte da sociedade. De alguma maneira socialmente grandiosa, eles os excluem sistematicamente?

G: É isso! Eu acho que você fez a síntese exatamente do conceito da libertação. Seja através de religião, a teologia da libertação, seja através da marcha no Sinai dos escravos libertos do Egito, seja da libertação e da emancipação da mulher, do homossexual, do negro, da criança, do velho, do rico e do pobre, do ser humano, do belo e do horrível. É só a partir desse patamar de independência, que o ser humano poderá fazer a sua opção moral. Quais são as duas alternativas diante dessa opção moral: viver a sua vida em plenitude, inserido no cosmo; ou destruir o Outro, se destruir e destruir o mundo e a natureza. O suicídio do insensato.

Quarto diálogo – Eu sou um negro

Neste quarto diálogo Jacob Pinheiro Goldberg começa falando do medo da morte. Somos regidos pela pulsão de vida e pela pulsão de morte. Segundo ele, esta dualidade é espelhada na cultura através de vários dualismos, como o bem e o mal, ou Deus e Satã. Inserido na cultura, não vemos mais o ser humano apenas, mas encontramos um contexto cultural que pode ser analisado pela Psicanálise Social. No caso brasileiro, há uma dualidade percebida como metanoia e paranoia, que rege o comportamento social. Metanoia significa a transformação da forma de pensar, a busca do caminho certo através da transformação do ser, da celebração da vida, enquanto que paranoia significa um estado de desconfiança patológica, erros de interpretação da realidade, e de uma forma mais popular, loucura ou maluquice.

Esta situação cultural faz com as pessoas vivam no Brasil num constante movimento de ação e reação, metanoia e paranoia. Quando a pessoa sente medo, ela supera esse medo através de um exercício de ataque, de ofensiva. Se ela sabe que vai morrer, tenta viver intensamente. Essa pessoa muitas vezes procura tratamento imaginando que está doente, quando na verdade está tendo é uma manifestação de sanidade.

Na medida em que somos todos brasileiros, há menos atrito e repulsa entre os descendentes de português, espanhol, italiano, coreano, japonês, judeu, e mais recentemente até os índios são trazidos para esse processo de paranoia, sob a égide da ideia de "ordem e progresso". Mas de alguma maneira, isto é contraposto pela metanoia, que é a alegria de viver emanada pelos negros e pardos o com samba, com carnaval, e todo mundo adere. Mas eles continuam a ser os grandes excluídos da festa.

Segundo Goldberg, não existe vontade política, a questão é psicológica. A oligarquia no Brasil é sádica e cruel, e o povo é masoquista. A oligarquia não tem pátria. Grande parte dessas famílias oligarcas sempre tiveram um pé no Brasil e um pé na Europa. Os filhos sempre foram educados para pensar como europeus. É como se os filhos dos antigos colonizadores tentassem manter este movimento de subjugar os negros e pardos, e até pouco tempo atrás, os índios, dentro do país.

O Estado brasileiro passa o tempo todo tentando escravizar as pessoas em nome da liberdade. Isso é paranoia. A resistência é exercida através da malandragem. Quem utiliza esta malandragem são os negros, através da postura de se fazer de besta, fingir que nada está acontecendo, que é o limite da resistência.

Por outro lado, verificamos que a criança e o adolescente acabam tendo o mesmo papel dentro da família. Estes são os sintomas de bode expiatório dessa realidade paranoica. Nesse sentido, a psicanálise é o vestibular de evolução.

Infelizmente, muitas vezes a psicanálise é mal entendida, e serve de sistema de frenagem. A pessoa está num momento com a intenção de viver, de reagir contra tudo aquilo que o aleija espiritualmente. Não pode perder tempo conversando sobre o que acontecia quando tinha oito anos de idade.

* * *

Jacob Pinheiro Goldberg: De certa forma a informação da morte, é tratada de maneira genial por Schopenhauer; que alguns acham que é unicamente cética, unicamente pessimista e de caráter negativo. Não é verdade. Existe um transbordo na ideia de Schopenhauer, que flerta claramente com o conceito de eternidade. Ela não se esgota absolutamente, numa constatação de finitude.

Inclusive, a associação que ele faz entre o sono, o sonho, a morte, provavelmente pode ter sido uma das inspirações de Jorge Luis Borges. A respeito da questão não só da morte, do sono, e do sonho, mas também a questão do especular, que fascina o tempo todo o Borges. Mas é também o tempo todo um diálogo em Schopenhauer. Ele sai do monólogo, quando dialoga com ele mesmo de maneira especular.

Ontem, relendo um texto de Schopenhauer, eu reví, dentro dos escaninhos da minha memória, essa ideia. A neurose é o poema do inconsciente. E a neurose é a formulação de um poetastro. É um poeta menor, que deitado no divã, fica apavorado diante de um susto permanente que ele tem, diante dos seus desacertos. Ele sabe que dentro dele coabitam, e entram em conflito permanentemente, duas grandes forças com as quais ele não sabe lidar.

Mas ele tem a pré ciência de que são elas que ordenam ou promovem a desordem de sua vida, que o leva ao sofrimento da neurose. Essas forças são a pulsão de vida e a pulsão de morte. A crueldade e a beatitude. O bem e o mal. Deus e Satã. Quando Deus e o diabo estão na Terra do Sol , os miolos esquentam. Quando os miolos esquentam, um povo vive permanentemente em estado de PMD (Psicose Maníaca-Depressiva). Ou o Brasil é o maior pais do mundo, ou nós estamos na beira do abismo.

Quando acontcce isso, não são os "Tristes Trópicos" de Claude Levi-Strauss. É um vulcão em pré ebulição, e às vezes quando esse vulcão solta lavas, como foi no caso da ditadura iniciada por um psicopata paranoico que foi Mourão Filho, que saiu de Juiz de Fora para fazer o que fez, para cometer o que cometeu. Nada disso é por acaso, são as lavas do vulcão. Esse vulcão não é só Brasil é a América. Da qual extrai meu livro "O Feitiço da Amérika".

Eu desenhei uma ideia desse esquema, que na verdade forja um molde de psicologia do brasileiro, completamente diferente, eu diria, quase oposta daquela concebida por Gilberto Freire, ou Darci Ribeiro. Pensei um caboclo confuso, mais para dementado do que para realmente um pensador equilibrado, tentando criar uma concepção de Brasil. Isto me custou o que me custou, em termos de polêmica.

Renato Bulcão: Sim, mas na sua opinião isso significa que, seja pelo viés do caboclismo darwiniano, ou no viés bastante discutido de "Casa Grande e Senzala", isso é pouco para explicar a brasilidade.

Porque dentro da sua mineirice, dentro da sua origem judaica, dentro da sua formação protestante, você é mais brasileiro do que a maioria dos brasileiros. A sua visão tem que estar construída em cima de uma nova estrutura, diferentemente dessas pessoas, que de alguma maneira se acham descendentes seja de índios, seja de negros, seja de portugueses; porque claramente você não é descendente de nenhum desses.

Então você tem a facilidade de poder ter um outro olhar. Ter um novo olhar do Brasil que é um país de migração, que é outro Brasil mas, que é o mesmo Brasil.

G: É impressionante porque eu acho que você recolheu todos os elementos que são característicos da posição na qual eu me situo dentro do pensamento e dentro da ação na cena brasileira. Você colocou exatamente como eu vejo.

É interessante que de alguma forma esta sua visão coincide com as teses que tem sido feitas de análise do que eu venho arquitetando.

Eu falo do negro sem ser negro. Eu falo do índio sem ser índio, eu falo das raízes brasileiras sem ser filho de português.

Nós sabemos inclusive, que nos primórdios, a raiz brasileira não tem nada a ver com Portugal. Muito pelo contrário, Portugal é o mais estrangeiro dos grupos que aqui aportaram. O conflito entre Portugal e Brasil, a história diz isso, foi violentíssimo. Até hoje inclusive, o ódio contra o português habita todas as anedotas e piadas; o ridículo e o grotesco e vice-versa. Não obstante todos os esforços que têm sido feitos em cima do idioma comum. Não por acaso, até um determinado instante, eu acredito que eu tenha sido aquele que emprestou à ideologia nacionalista brasileira, a única visão de uma esquerda, independente de qualquer peso stalinista.

O jornalista Osvaldo Costa, diretor de "O Sumário", saiu do Rio de Janeiro, encontrou-se comigo numa pensão pobre, porque naquela época jornalista era pobre. Hoje a gente sabe que jornalista é um marqueteiro a serviço dos grandes interesses. Naquela época, jornalista mal tinha o que comer. Isso acontecia também com Samuel Wainer no fim da vida. Quando eu fui falar com o vereador Davi Roisen para arrumar um dinheirinho na maçonaria, para ele poder se sustentar e continuar o jornal dele aqui em São Paulo, depois de ter sido acusado por Carlos Lacerda de ter roubado o Banco do Brasil e ter ficado milionário. Se roubou, não sei para onde é que foi o dinheiro. Quando eu o encontrei, ele tinha dificuldade de sobreviver financeiramente. Aliás, nunca recebi um tostão para escrever no seu jornal.

Naquela época, quando eu pensei no Brasil, e percebi algumas vertentes desse nacionalismo autêntico ao qual você acaba de se referir, e que não tem nada de chauvinista, muito pelo contrário. Ele é ligado ao que existe de melhor no cosmopolitismo, no respeito das diferenças, seja de negro, de índio ou de americano.

Na minha formação tem o missionarismo, o protestante norte-americano. A música de fundo da minha biografia é o country americano. Quando fecho os olhos eu me imagino um cowboy no saloon. Eu não me imagino um quixote espanhol, eu me imagino um Zorro nas causas justas. É dessa maneira que eu tenho vivido a minha vida. É isso que justifica as minhas idéias.

Basicamente a forma da psicanálise que eu enxergo, se for reduzir ao máximo, o sujeito só existe no anseio da integralidade, no anseio da completude da maximização dos seus recursos enquanto pessoa, ele só existe quando se opõe ao coletivo, ao social, o que fundamentou minha tese de doutoramento no Mackenzie.

Não por acaso com 80 anos de idade, eu subo ao palco do teatro com o cômico Eduardo Sterblitch e a gente cria o Teatro da Psicanálise Social. Eu vou para o palco de stand-up, na frente de 400 pessoas, demitificando de uma vez a ideia do consultório aristocrático sagrado, que tem tudo a ver com as neves da Europa, com o gelo da Europa. Lá você tem que deitar no divã, com o cobertor em cima, porque está frio. Aqui nós estamos em combustão. Aqui se você deixar, o paciente começa a cantar e dançar samba na tua frente.

Qual é a interlocução da psicanálise? Aqui dentro é metanoia e paranoia. Essas são as duas grandes vertentes na minha opinião do contributo que eu tenho procurado prestar ao entendimento da psicanálise. Não são as aflições gregas de Freud com o conceito da mãe judia que ele transporta para o Édipo grego. Aqui tem a babá negra, a Maria que me contava a história da mula-sem-cabeça (Palestra que apresentei na Universidade de Stanford).

R: Na sua opinião, em Freud há uma transposição da cultura judaica, transformada ou fantasiada em cultura grega, para um determinado ajuste social? Na sua opinião, é isso que acontece?

G: Não tenha dúvida. Naquele momento, ainda mergulhado no antissemitismo do Império Austro-Húngaro, do antissemitismo europeu, do antissemitismo alemão, seria impossível para Freud, como ele deixa claro mil vezes, que se ele amparasse as suas ideias em cima de uma mística judaica, a oposição seria muito maior do que foi. Então ele joga, na minha opinião, com os elementos de helenização, para dessa forma facilitar a compreensão, a aceitação.

Da mesma forma que Freud concordou em assimilar a cultura epidérmica de Jung, posteriormente inclusive, que tem uma identificação profunda com o hitlerismo, porque ela não é superficial. Ficam aí discutindo se Jung foi membro do partido (nazista). Claro que não foi membro do partido. Não foi lá buscar carteirinha. Mas o pensamento dele, não tenha dúvida nenhuma, é o pensamento dos sinais, das mágicas, dos fetiches, das crendices e superstições. É o homem primitivo, é o homem da caverna, transvestido de mensagens extraordinárias do Oriente.

Um Oriente muito mal elaborado, muito mal entendido. Mal compreendido inclusive, para justificar uma alma conturbada, como ele mesmo reconhece, em "Memórias, Sonhos e Reflexões", em que ele mesmo se confessa ter vivido um processo de psicose durante não sei quantos anos. Posteriormente ficam as tietes acreditando que aquilo foi um romance de formação. Não foi um romance de formação coisa nenhuma. Foi doença, o nome daquilo é doença. Ele tinha se desequilibrado mentalmente. Claro que ele soube elaborar tudo isso, elaborou razoavelmente até. Arendt e Heidegger: a vitima internaliza o fetiche conosco.

Mas Freud precisava dele. Como ele, seria o nosso príncipe loiro. Eu não preciso de príncipe loiro nenhum. Eu bato de frente com Gilberto Freire, eu bato de frente com Darci Ribeiro. Eu digo que eu acho que eles, independente de patrulha ideológica, independente da idade das trevas que nós vivemos na ditadura são cúmplices do erro.

Eu fui fazer um trabalho de análise sobre o desempenho do Brasil na Copa (do Mundo de Futebol) em Paris. Quando eu voltei o Boris Casoy fez uma entrevista comigo e perguntou "professor por que o Brasil perdeu o jogo?" Eu disse: "porque os franceses têm a Marselhesa". Quando eu vi o presidente da França pondo a mão no peito e começar a cantar a Marselhesa, eu virei para uma pessoa que estava comigo e falei: "Vamos embora, eu não vou assistir a derrota." Diante desse hino cantado dessa maneira, eu me lembro de Napoleão : me dê cinco mil homens e a Marselhesa cantada com fervor que eu venço dez mil homens.

Eu fui dar aula na USP na Faculdade de Música a respeito da importância do som na formação psíquica dos povos. O Gilberto Vasconcelos elogiou o meu "Psicologia da Agressividade" por este enfoque sonoro-teórico, na Folha de São Paulo (jornal da cidade de São Paulo).

Na minha obra, é mais ou menos dessa maneira que eu sempre tenho enxergado a psicanálise: ação e reação, metanoia e paranoia. Se estou com medo, eu ultrapasso esse medo através de um exercício de ataque, de ofensiva. Se eu sei que vou morrer, eu tento viver intensamente. É um convite que eu faço para o sujeito que me procura e imagina que ele está doente, quando na verdade está tendo é um um assomo de sanidade.

O sujeito quando bate o pé e procura a psicanálise, é o vestibular de evolução. Infelizmente muitas vezes, a psicanálise mal entendida, serve de sistema de frenagem. O sujeito vai lá porque ele está no momento de intenção de viver, de reagir contra tudo aquilo que o invadiu, que o aleija.

Nesse instante, em vez do psicanalista ser o preparador que vai para o campo de esporte, ele permite que o paciente fique lacrimejando em cima da experiência de fazer pipi nas calças durante um ano.

R: Três questões surgem então. Primeira questão: metanoia e paranoia passam a ser a motivação, os princípios que causam as reações mais visíveis do povo brasileiro de alguma forma.

Segunda questão: No momento em que o sofá está no palco e há um convite para que a platéia eventualmente venha ao sofá, existe alguma vontade de interpretação disso, ou a gente não deve ficar interpretando a vida comum como muitas vezes propõe se propõe a psicanálise tradicional.

A última questão: Na medida em que somos todos brasileiros, todo mundo convive bem com coreano, japonês, judeu, espanhol, português, o índio inclusive, são trazidos a essa metanóia. Mas de alguma maneira, quem fabrica a metanóia de verdade são os negros, com samba, com carnaval, com as maiores manifestações de alegria e que todo mundo adere , que são na verdade os grandes excluídos dessa festa.

G: Eu acho que como alguém que generosamente tem lido, estudado, e compartilhado do meu trabalho durante alguns anos, que é o teu caso, você captura muito bem e às vezes até melhor do que eu, determinados signos do meu trabalho. Eu nunca tinha pensado nisso. Em um livro meu "Judaísmos:Ético e não Étnico" eu cito o Gilberto Gil. Aliás, o dia que eu contei isso pra ele, ele ficou muito comovido: "Bob Marley morreu, porque além de negro, era judeu", é o verso do Gilberto Gil.

Quando você estava falando, ficou claro para mim, algo que provavelmente eu vou passar a usar. Eu sou um frasista viciado. Se alguém me perguntar aquela pergunta tão agressiva, quanto estúpida: "O senhor é mesmo?", eu vou ter que responder: um negro!

Porque talvez agora ficou mais claro para mim mesmo, qual é a minha condição. É de negro! Porque se o negro é o grande elemento excluído da sociedade. Mas na verdade ele é o que dá a pirueta, a volta por cima. Porque é ele quem dá a volta por cima. Ele que faz a diabolização através do carnaval, através do samba e através, porque não... da porrada. E chegando à fronteira do crime, porque não? Essa a minha identificação. Essa é minha posição filosófica dentro da própria psicanálise.

A psicanálise é um convite para a negritude. Não por acaso, o lugar onde talvez eu tenha me sentido mais eu em toda a minha vida foi no Senegal. Foi exatamente na última viagem do Concorde Rio-Paris, o voo histórico para Copa.

Quando eu desço no aeroporto, eu disse vou dar uma volta porque eu tenho que dar um pulo até a Universidade. O policial negrão vira pra mim e fala "E o passaporte? O senhor tem o visto do Senegal?" Eu jamais imaginei que precisaria. Ele falou "Então o senhor não vai sair do aeroporto". Eu olho pra ele e me lembro do poema do Leopold Sendar Senghor, o primeiro presidente do Senegal , grande poeta da negritude. Olho para ele e declamo. Quando acabo de declamar, os olhos dele estão marejados de lágrimas. E ele me convida para visitar a universidade. Foi realmente um lugar em que eu me senti dentro, *inside*. Por que foi no Senegal?

Por duas razões; primeiro, porque quando meu pai pegou um navio argentino chamado "Valdivia", e meu pai semi clandestino, embarcadiço sem dinheiro, com 18 anos de idade disse : "Eu quero ir para o Rio de Janeiro, porque me disseram que na Argentina dá pra arrumar emprego." e ele veio foi por engano. O navio parou no Senegal. Meu pai contou que o dia que ele viu o primeiro negro ele quase desmaiou. Porque na Europa, um sujeito como ele do interior da Polônia, não sabia que existiam negros. E ele me contou que ele ficou encantado de ter visto uma pessoa negra.

Eu tive a mesma sensação dele, olhando aqueles negros. Porque era um negro que tinha um olhar orgulhoso. Era um negro que tinha o olhar de homem dono do seu destino. Diferente do negro brasileiro, massacrado, e que só através da oposição, da contestação, da resposta, da recusa, da revolta, do carnaval, da esculhambação é que pode se afirmar enquanto pessoa.

É dessa maneira que eu enxergo a psicanálise é só dessa maneira. Quando a família vem procurar a psicanálise e traz a criança para ser tratada, não tenha dúvida que a criança é porta-voz da neurose do grupo. O adolescente idem, ele usa a droga porque?

Eu fiz aquele trabalho que acabou redundando no livro "Geração Abandonada" que ganhou prêmio de jornalismo do Rei da Espanha. Os reis têm muita competência para cooptar. No fim foram oito dias, duas páginas inteiras cada dia, do jornal Estado de São Paulo. Uma pesquisa que mexeu com a psicologia do Brasil refletida no "Fantástico", TV Globo, SBPC, e o DOPS me perseguindo. E, depois, o silencio tumular que tudo cobre...

Aí você me pergunta "por que você chegou até aí?" É evidente e óbvio que era minha intenção revoltar, promover uma revolução. Depois o "Estadão" (jornal Estado de São Paulo) deu mais uma página inteira sobre o que eu considerava psicanálise. Eu usei o recurso do "Estadão", do "Jogo da Verdade" na TV Cultura, sempre com esse objetivo. É curioso porque aqueles de malícia, de má fé, sempre perceberam isso no meu comportamento. Eu sempre tentei obviamente disfarçar, porque de tonto eu não tenho nada, de malandro do bem eu tenho tudo. A malandragem me foi ensinada pelo antissemitismo, pela brutalidade, pela violência, pelo bullying na infância, pela exclusão. Ou eu era malandro do bem, ou não sobrevivia.

Aliás, foi esta grande parte da resposta da sociedade brasileira diante do nazismo, e da ditadura. A sociedade brasileira em grande parte se fingiu de besta, que era a única forma de resistir. Porque o que a ditadura queria era um massacre, diante do qual o golpe no Chile teria sido um ensaio. Porque gana eles tinham. O sadismo existia.

Escrevi meu artigo analisando João Goulart. Então promoviam aqui delação e provocação permanente. Você não podia confiar em ninguém. O sujeito entrava dentro da sua casa, alegadamente com carteirinha de esquerda, e você não sabia se o sujeito não era um agente do SNI ou do DOPS. Você tinha que tomar cuidado. A gente está vendo agora que realmente muita gente que se mascarava de esquerda e assim por diante, fazia o trabalho do cabo Anselmo. Isso foi um dos estragos na alma desse psiquismo, da paranóia, que até hoje a gente vive de alguma maneira.

A gente só têm uma forma de reagir a isso. Semana passada eu falei na plenária do PSOL (partido do qual eu me desliguei aliás), na mesma linha que eu fiz um discurso no teatro do ensaio geral lá com o Eduardo Sterblitch. Quando um deputado que é um ícone hoje da direita do Brasil, que se pretende a própria figuração da virilidade, ficou fazendo críticas contra os comunistas, os homossexuais e assim por diante, e depois quis tomar atitude da casa-grande, perguntando para o Eduardo: "Você aceita um abraço?" e foi abraçar o Eduardo.

O Eduardo o abraçou diante da câmera e de milhões de pessoas, e desmoralizou de vez a hipocrisia da direita brasileira, que é covarde, e passou a mão na bunda do deputado, e o deputado saiu sem graça.

Como a Ação Integralista Brasileira saiu pelas portas dos fundos quando foi desmascarada em seu facismo genético do SIGMA.

R: Voltando aqui a paranoia e metanoia: nós temos então especificamente um país que tem a sua população tentando conviver em algum tipo de termo, mas estamos claramente prejudicando uma parte étnica desse povo.

Nós temos a posição da paranoia, que seria a posição da ordem e progresso, que seria a posição de alguma maneira atribuída ao pensamento kantiano. Há de alguma maneira a ideia da integridade, da honra e das virtudes. Isso cria um estado de paranoia, é um estado que acaba fingindo que é estado, um estado que acaba impedindo os direitos das pessoas.

G: É um estado que passa o tempo todo tentando escravizar as pessoas em nome da liberdade.

R: Por outro lado, nós temos o que o senhor chamou de malandragem...

G: Que é na verdade a resistência.

R: Também colocou como malandragem a ideia de se fazer de besta, que seria a possibilidade da resistência, e ao mesmo tempo colocou que a criança e o adolescente acabam tendo um mesmo papel dentro da família.

G: Eles fazem o papel do negro.

R: O papel do negro instituído dentro da família. A criança e o adolescente que acabam trazendo os sintomas.

G: Sim, os sintomas de bode expiatório dessa realidade paranoica. Enquanto você estava falando, me lembrei quando eu lancei o primeiro livro contra a discriminação racial na lei brasileira com prefácio de Eduardo de Oliveira, que era um pensador negro, na Casa Afro-Brasileira com Paulo Matoso.

O primeiro livro se chama "A Discriminação Racial da Lei Brasileira", e uma jornalista perguntou (isso há algumas décadas atrás): "Mas o senhor é branco, por que o senhor tá preocupado, já que o senhor é branco?" Eu nunca consegui me ver como branco.

É exatamente esta fragmentação entre a visão imposta e a auto-percepção, a qual se refere Sartre muitas vezes, e que é a condenação para liberdade. Eu sempre me vejo *outsider*, mas eu quero deixar muito claro, e é muito importante nessa oportunidade para que não haja dúvida nenhuma: Não com a melancolia da diáspora judaica! Eu não tenho nada a ver com isso.

Isso é para banqueiro. Melancolia para passar o pires e pegar dinheiro não é comigo, nunca foi. Nem comigo, e nem com a tradição, inclusive genética minha, nem do meu pai nem da minha mãe. Os dois eram rebeldes que abandonaram a Polônia atrás de um novo mundo, inclusive contra a ortodoxia. Meu avô, pai da minha mãe, que era rabino. Optou por ser *Choichet*. Eis que minha avó se recusava a usar peruca, obrigatória para esposa de rabino.

Eu escrevi um trabalho "Não me deixe morrer!" na Folha de São Paulo que foi um escândalo. A parcela conservadora da comunidade judaica de São Paulo ficou horrorizada. Aliás, não foi a primeira, nem a segunda e espero que não tenha sido a última vez. Ficou horrorizada! Como é que um sujeito fala o que eu escrevi a respeito do vovô e do rabino? Mas escrevi dentro da melhor tradição sim, de rebeldia, que caracteriza o moiseísmo, o autentico judaísmo.

E que caracteriza o extraordinário rabino que foi Jesus. Porque é por essa vertente do profetismo, ou do Martin Luther King, é por essa vertente de independência que eu acredito na saída metanoica da neurose e do persecutório. Eu acho que psicanálise só existe dessa maneira.

No Serviço Social do Exército Brasileiro, trabalho que eu defendi lá na PUC, com José Pinheiro Cortez, que depois me levou para o Franco Montoro, hoje relido é um manifesto revolucionário. O que na verdade eu proponho ali, é que o exército deixasse de brincar de guerra contra a Argentina, e principalmente deixar de brincar de guerra contra o povo brasileiro como fez na época da ditadura, o senhor Mourão Filho.

Através da espada de ouro que foi entregue ao Marechal Lott que deveria atuar. Ele queria transformar o exército numa grande força de vitalidade de transformação social no Brasil. Mas naquele instante ele foi traído, como posteriormente Jango foi traído. O Juremir Machado escreveu brilhantemente sobre isso no livro dele "O golpe midiático militar – 1964".

Foi um golpe midiático militar e paranoico. É significativo que grande parte da angústia e da aflição e da violência, e do crime hoje no Brasil, que faz com que quinhentas mil pessoas estejam dentro de penitenciária. O que é isso? Colocar quinhentos mil, praticamente todos homens. Eles deviam ser organizados através de penas para o trabalho, como propus no "Direito no Divã". Criar uma tarefa tipo Roosevelt com o New Deal nos Estados Unidos. Você resolve os problemas econômicos e sociais do Brasil em um ano.

Não existe vontade política, é muito mais psicologica. Não quero usar mais a usar a palavra política; a questão é psicológica. É o sadismo, é a crueldade. A oligarquia brasileira é sádica, e o povo é masoquista.

R: Eu quero questionar isso um pouco. Eu venho há quarenta anos ouvindo que a oligarquia é isso e aquilo. Mas na minha vivência, na minha percepção e também nas minhas pesquisas, eu percebo que não existe de fato uma oligarquia brasileira.

Se você for ver efetivamente as grandes famílias, de Minas Gerais, da Bahia ou mesmo do Rio de Janeiro e de São Paulo, os famosos quatrocentões, esse pessoal na prática existe muito pouco.

O que você vai ver são justamente pessoas que chegaram depois. Vemos famílias de imigrantes que se tornaram ricas, que talvez cresceram ligadas a antigas famílias mas hoje ostentam nomes alemães, judeus, árabes, italianos, quem manda hoje. A única exceção seria o Aécio Neves, que é talvez a última demonstração deste tipo de tradição.

O que eu quero dizer, é que quando a gente fala da oligarquia brasileira, dá uma certa noção de que haveria um entrelaçamento de famílias, que estariam a cem ou duzentos anos dominando a cena brasileira, e na prática não é isso que acontece. Na prática o que a gente vê é o Partido dos Trabalhadores chegar ao poder e ter os mesmos mecanismos de comportamento da tal oligarquia que eles mesmos combateram.

G: Quando eu falo em oligarquia brasileira talvez, a expressão poderia ser modificada para a oligarquia no Brasil. Talvez a melhor colocação seja essa, porque realmente a oligarquia não tem pátria. Grande parte dessas famílias as quais você se refere, na realidade elas sempre tiveram um pé no Brasil e um pé na Europa. Os filhos sempre foram educados na Europa. Sempre tiveram uma cabeça de Europa.

Seja quem for, nem sei se precisamos citar muitos nomes, mas eu insisto: a oligarquia no Brasil tem nojo de povo! O que acontece é que existe uma capatazia: os capatazes da fortuna, que pode ou não ter nascido no Brasil. É uma mera questão de coincidência. Porque esse entrelaçamento do qual você está falando, na realidade existe a quinhentos anos. Começa com Portugal, com os holandeses, com os franceses, com alemães, com árabes, com japoneses. Isso é internacional. O dinheiro é internacional.

Teve aquela frase, que eu acho que foi de Engels, que gerou mais uma polêmica que eu tive, em que ele diz "o antissemitismo é o socialismo dos imbecis". Quiseram dizer que a questão do dinheiro é uma questão judaica. Isso é uma estupidez. O Gustavo Barroso dizia que o Armando Salles de Oliveira, que era candidato a presidente da república, e era de família de portugueses, era judeu. Era de ascendência judaica, como grande parte da população brasileira é de ascendência de cristãos novos de Portugal e você sabe disso.

Então realmente você tem razão, não é oligarquia brasileira no sentido daqueles nascidos obrigatoriamente no Brasil ou descendente de nascidos. Isso é completamente indiferente. A ladroagem não tem uma identidade comprometida com o conceito de pátria, no sentido da casa de muita gente. Porque nesse sentido de "casa de muita gente" é que eu me incorporei no grupo nacionalista de esquerda ligada ao Marechal Lott.

Qual era à vontade e a intenção? De reagir naquele momento ao brutal imperialismo norte-americano. Eu atravessei o Brasil fazendo a campanha do "Petróleo é nosso!". Eu fui candidato a deputado estadual fazendo dobradinha com o Dagoberto Sales, e só não fui eleito porque na época votação era feita por cédulas e a roubalheira nas apurações era total e absoluta.

Mas ainda agora, por exemplo dentro do PSOL, claro que eu tenho uma posição independente. Latu sensu, eu não pertenço a partido político nenhum, nem a grupo nenhum. Eu militava no PSOL por acreditar ser o mais próximo, mas com bastante distância das coisas mais profundas nas quais eu acredito. Como antes no PSB e mais atrás na UJC e no movimento sionista.

Hoje minha carteira é do "eu sozinho".A minha crença é de que as grandes transformações individuais, deixando bem claro, grupais, sociais e nacionais, na minha crença, no século 21, vão se estabelecer no campo do espirito, no campo psicológico! As grandes lutas vão se travar, não no campo da economia, nem da política, nem no militar, mas na disputa da mente.

Daí a importância, por exemplo, desse trabalho. Nem que seja eu e você conversando aqui e mais cinco gatos pingados, compartilhando pela internet, nós estamos num bunker revolucionário, discutindo o que nós estamos discutindo. E esta é na minha opinião, outra grande conquista tecnológica do nosso tempo que é a internet.

Norbert Wiener em "God&Golem, Inc." reporta a internet ao pensamento dialógico e de contestação judeu.

Quinto diálogo – Teoria da psicanálise social

No último diálogo Jacob Pinheiro Golberg sugere que a dramaturgia psicológica que é investigada pela psicologia imagética, surge num contexto social, que deve ser investigada por uma psicanálise social.

Segundo Goldberg, a história dos povos alterna um dualismo: a paranoia, que é aliviada por um movimento de metanoia. Cada sujeito vivencia sua história através de diversas narrativas paralelas ou entremeadas, e a todo momento está optando por uma posição paranoica ou metanoica. Em cada fragmento de vida, a pessoa opta por estar numa das duas posições, de acordo com a facilidade de integração, socialização ou mesmo da própria sobrevivência dessa pessoa dentro do grupo maior no qual está inserido.

Porém, quando a aflição se torna insuportável por causa de uma posição assumida em determinado fragmento de vida ou numa determinada narrativa, num ato de sanidade a pessoa procura a psicanálise. Para Goldberg, essa é a forma de agir da pessoa em relação não apenas ao desconforto psíquico, mas também o desconforto físico, a doença, quando a pessoa procura tratamento.

Os limites para a paranoia e a metanoia são a radicalidade e a transigência. Goldberg acredita que estes últimos conceitos atuam ampliando ou diminuindo a intensidade da aflição do ser humano. Um paranoico intransigente sofre. Um metanoico radical, sofre. Em suas palavras, ou você vai para o hospício, ou vai para a cadeia. Neste sentido, quanto mais paranoico intransigente, mais sádico é o comportamento. Por outro lado, quando mais metanoico transigente, mais masoquista é o comportamento.

Para Goldberg, a psicanálise é uma tentativa que o individuo se permite fazer, para tentar compreender se ele é um sujeito que não está inserido no ajuste harmônico do mundo, ou ao contrário, se o mundo apresenta para ele um caráter de opressão, de brutalidade e violência ao qual ele precisa reagir.

Neste sentido, a psicanálise precisa entender o sujeito dentro da dramaturgia psicológica da sociedade em que está inserido. Não se pode manter padrões e hábitos eurocêntricos na psicanálise de outros países e outras culturas. A psicanálise ortodoxa é um dos instrumentos para adoentar a sociedade.

A pessoa normal oscila o tempo todo no seu comportamento. Por outro lado, o banqueiro que descansa numa praia francesa enquanto crianças inocentes sofrem por causa da política de juros, este é doente mental.

A psicanálise de Goldberg é aquela que permite o desvelamento das razões da aflição do ser humano. O trabalho psicológico tem que ser uma anunciação seguida por um processo de revelação. Um processo através do qual a pessoa se revela para ela mesmo, do jeito que quiser e puder. Mas há também uma questão moral. A pessoa pode perfeitamente fazer a opção de saber ou não saber o motivo de sua aflição. O sujeito tem que expurgar de si, o alienado no qual a sociedade o transformou. A cura é a liberdade. É a pessoa viver, simplesmente segundo o seu próprio destino escolhido. O destino deve ser escolhido. A liberdade é a maturidade, individual e dos povos.

Goldberg acredita que a pessoa pode inclusive escolher viver com suas dores psíquicas, se escolher este caminho. Para ele, a consciência social não torna a pessoa imune ao sofrimento. O sofrimento depende da sua natureza, depende da realidade individual. Desde que o sujeito consiga manter os seus núcleos de dignidade, os seus núcleos pessoais preservados, a dor é suportável.

Essa dor não tem características de alienação e alheamento, ela não é mais uma dor neurótica. Ela é uma dor de existir. É possível lidar com ela de maneira razoavelmente suportável. Ela deixa de ser uma doença para ser simplesmente a função de uma diferença individual de escolha da pessoa, em relação aquilo que é a realidade do mundo. Por vezes pode até ser um estado de conforto, mesmo se esta opção custar um preço muito alto de renúncia, de solidão, de incompreensão, pois a independência tem esse preço.

E Goldberg faz uma denúncia, que considera obrigatória: quando um terapeuta trabalha com a opinião das pessoas, com a posição das pessoas, com a maneira das pessoas pensarem e se conduzirem, ele não pode se postar como um salvador. Há salvadores que em nome da esquerda, da direita ou qualquer posição, tem a pretensão de serem intérpretes, e tem a intenção e o desejo (seja político, ideológico, jurídico, religioso de qualquer grupo), de serem proprietários da verdade. Mas isso não é possível, pois não existem certezas pacíficas.

* * *

Renato Bulcão: Existe uma psicologia brasileira? A sua proposta do que seria uma contribuição à psicologia mundial ou global, acaba sendo também brasileira. Porque é uma contribuição brasileira.

Pois me parece que a sua ideia é a seguinte: Na medida em que os povos trabalham com um movimento de paranoia e se aliviam num movimento de metanoia, automaticamente cada sujeito trabalha a sua vida fragmentada e as suas diversas narrativas paralelas ou entremeadas, de tal maneira a estar, ou do lado da paranoia; ou do lado da metanoia; conforme a facilidade de integração, socialização e mesmo a sobrevivência dessa pessoa dentro do grupo maior.

Nesse sentido, não se pode falar em doença mental. Porque seja psicose, neurose ou o que for nós estamos o tempo todo percebendo que existe no fragmento de vida que uma pessoa está vivendo, uma melhor ou pior adequação do individuo à socialização dele no grupo, dentro do contexto da narrativa daquela fragmentação que ele está vivendo.

Então se ele vive uma história com a mãe, é uma coisa. Com o patrão é outra. Com a mulher é outra. Com o filho é outra e assim sucessivamente. A doença acaba sendo justamente a impossibilidade do individuo suportar o tamanho da defasagem que ele tem num determinado fragmento, e isso causa nele extrema aflição, que é o termo que você usa. Você não usa angustia, você usa aflição, extrema aflição.

Justamente porque a pessoa está aflita com aquele viés da vida dele num determinado momento, ou por uma determinada causa, que pode ter origem na paranoia ou na metanoia, a pessoa então, num ato de sanidade, procura a psicanálise no sentido de tentar primeiro conversar a respeito daquele juízo de realidade que ela está tendo. Segundo, verificar se o juízo de valor que ela está tendo sobre aquele juízo de realidade, faz sentido ou não faz sentido?

Jacob Pinheiro Goldberg: Você colocou a questão que tem sido a pergunta enigmática em relação à doença mental. Mas eu talvez ousasse dizer, que em parte é a doença quase que em geral. Nesse aspecto, eu acho que a quintessência dessa noção eu apresentei no trabalho "Eve Will be God" na Faculdade de Medicina de Londres, que é a questão da doença psicossomática da mulher.

Então do mesmo jeito que antes eu disse que eu era negro, nesse capitulo eu diria que quem fala em nome da mulher sou eu. E eu me lembro que eu participei de um congresso feminista em São Paulo, e uma senadora disse que eu era muito radical no meu feminismo. É muito curioso, inclusive porque essa radicalidade tem sido atribuída, a todas as minhas posições.

Eu acredito que este é um dos elementos fundamentais que a gente deveria abordar aqui, que é a questão da transigência e de radicalidade, acompanhando os conceitos de metanoia e paranoia. O sistema de pressão anti-individual, ele é radical. Ou você se achata, ou você vai para o hospício, ou vai para a cadeia. No limite é isso. Existem as baldeações e as estações intermediárias, mas esses são os limites.

Enquanto ele não tem essa consciência, que é um processo de reflexão que a análise pode proporcionar, mas dificilmente proporciona, porque suas raízes filosóficas estão viciadas. Essa foi uma preocupação que eu tive o tempo todo, de desenraizar. Não era possível você pegar aquela árvore e plantar em outro solo. Desta maneira ela não poderia ser eurocêntrica.

Ela não poderia ser judaico — germânica no Brasil. É nisso que eu insisto muito. Eu creio inclusive que eu finquei o grande momento, num programa de televisão que foi "O Jogo da Verdade". Eu contestei e acredito que era preciso introduzir o sincretismo na psicanálise, do mesmo jeito que existe no Brasil o sincretismo na religião.

Eu falei na herança da magia e na herança da religião. Cada vez mais eu estou convicto disso. Para que ela possa realmente servir para o individuo e para a sociedade no Brasil, ela tem que se abrasileirar, ela tem que ser brasileira.

R: Isso significa que é independente do Brasil, ela tem que se uruguaizar, se argentinizar, se chilenizar?

G: Exatamente, No Brasil ela tem que se avacalhar.

R: Por que avacalhar?

G: Porque o brasileiro é avacalhado, porque o Brasil é avacalhado. Porque nós somos avacalhados. Porque a organização é fascista, a ordem é fascista, o totalismo é anti-humano. O Brasil, na minha opinião, por uma série de circunstâncias que não caberia discutir, é uma sementeira de possibilidades de modificação dessa condição anti-humana. Nesse aspecto, é um dos pedaços do território da terra prometida da utopia de Kandire.

Kandire é aqui também. Não é só aqui. Kandire também é um solo palmilhado por Fernando Pessoa, quando diz que conhecer suas emoções e falar delas, é enfrentar o susto. O índio brasileiro fala que qualquer problema mental é oriundo da doença do susto. E o que é o susto? É a surpresa diante da Revelação. O que nós estamos discutindo o tempo todo aqui, é, revelar é desmitificar.

Revelar é denunciar, revelar é nascer, revelar é dizer: Essa dor que eu sinto aqui no braço é porque em um certo instante, quiseram paralisar esse meu braço. Então eu coloquei a dor no meu corpo. É preciso exorcizar a dor do corpo. É preciso tirar a dor desse corpo.

O dia em que a nomenclatura se transformar e ao invés de se dizer: "O sujeito está com câncer", se disser, "O sujeito está sendo apodrecido"; muda a leitura! No dia em que o diagnóstico não for: "É doença cardíaca!" — mas: "É doença do sentimento, é doença da emoção afetiva, é doença do seu lado bondoso.". "O sujeito teve um enfarte cardíaco, e ele não aguentou mais, não suportou mais".

Que ao menos a gente dê oportunidade para que ele lute, para que ele possa reagir. O grande problema é manietar o sujeito antes. Você entorpece ele com alienação, com mistificação e de certa maneira com remédio.

Se o remédio for dado para fortalecer, no sentido de lutar, é válido. No sentido de anestesiar, é matá-lo.

R: Eu entendi a escala entre de um lado, o dominante e o sadismo; e de outro lado, uma escala de se vergar a esse sadismo masoquisticamente, até o limite do hospício e da cadeia.

De outro lado, existe a ideia de que todo lugar é ou pode ser o paraíso prometido, e aqui (o Brasil) teria a sua vocação de paraíso prometido. Eu estou insistindo muito na ideia primeira da fragmentação do sujeito, porque a sua primeira colocação, a sua primeira visão que impede que o individuo seja visto como 100 % neurótico ou 100 % psicótico ou 100 % qualquer coisa, ninguém é doente 100%.

Aparentemente existe uma busca sua em localizar em que fragmento, ou seja, em que momento, a pessoa não está aguentando mais, ou tolerando mais, e eventualmente está precisando se vergar ou eventualmente está precisando reagir a essa situação que ele está vivendo.

Então, no fundo, e aqui é minha provocação, a psicanálise nada mais é que do que um instrumento de reajuste social?

A psicanálise, vista de paletó e gravata, com charuto ou cachimbo, com a consulta ao preço que é, nas circunstancias de pretensão e arrogância inumana com que se afirma, é um dos instrumentos mais poderosos para adoentar a sociedade.

Do mesmo jeito que o tratamento pavloviano era feito pela ditadura stalinista, (a ditadura anticomunista de Stalin), e do mesmo jeito que a psicanálise era proibida na Alemanha nazista e substituída pela religião do opróbrio.

Tentando colocar melhor a resposta, o sujeito que tem na nomenclatura convencional, na estrutura convencional, a oscilação que é bipolar, esse sujeito é normal. O anormal é o banqueiro que fica contando dinheiro numa praia francesa sabendo quantas pessoas, quantas crianças, quanta gente inocente está sofrendo profundamente, para que ele viva uma vida completamente esquizotímica. Esse é maluquinho. Este é o doente mental.

O doente mental é o dono do convênio médico. Esse é um doente mental, aliás, perigosíssimo. Porque ele é o doente mental na fronteira do crime. É perverso, procurando vantagem. O que pode ser mais doente mental do que um dono de convênio médico no Brasil, dono de mais ou menos 300 milhões de reais? Ele vive uma vida completamente fora da realidade. Essa é uma doença mental. Agora, o doente que foi ao hospital, que pagou o plano pra esse sujeito, e que está com tique nervoso no rosto, esse é doente (para o sistema).

Aquele que fica o dia inteiro na academia fazendo flexões com milhões de reais no banco é normal? Não! Não é, na minha opinião, definitivamente não é. Então é preciso colocar de ponta-cabeça o processo. É preciso explicar para esse sujeito que tem um tique, que esta é só uma reação do organismo para que ele não fique de uma vez psicótico. Que o corpo dele está num processo de reação. Que o corpo dele está dando o sinal amarelo e que daqui a pouco vai virar sinal vermelho. Quando ele fica psicótico ele morre enquanto identidade, porque ele não está suportando as pressões.

R: Nesse sentido então, está confirmado, é uma questão de reajuste social.

G: A psicanálise que tiver a intenção de dizer para esse sujeito que oscila o humor várias vezes por dia, entre outras coisas, porque a mulher dele está praticando adultério com o primo dele... Se você tenta fazer um trabalho que filosófica e emocionalmente sinaliza em direção a que ele se conforme com essa realidade, porque faz parte do contexto de vida e blablabla, é um instrumento que serve ao ajuste ou reajuste social da dominância.

R: Então isso significa na prática, que a psicanálise na qual o senhor acredita, tem em princípio duas grandes vertentes. A primeira vertente é a ressignificação dos processos de ajuste social, a partir de um viés marxista. Essa é a primeira vertente.

A segunda vertente seria a possibilidade de você permitir ao individuo dar vazão à sua aflição imediata, na medida em que você explica diretamente para ele, sem rodeios, mas numa conversa franca e aberta, que aquilo que ele está sentindo, que o sofrimento e a aflição são facilmente identificáveis, que é justamente um fragmento da vida dele do qual ele não consegue dar conta.

G: Eu só quero deixar claro que não pode ser um processo político didático. Quer dizer, não pode ter esse caráter através do qual se discuta uma questão muito mais política e filosófica, do que um trabalho psicológico.

O trabalho psicológico tem que ser uma anunciação seguida por um processo de revelação. Um processo através do qual ele se revela para ele mesmo, do jeito que ele quiser. Porque é uma questão também moral. Ele pode perfeitamente fazer a opção de saber ou não saber.

"Eu quero ser banqueiro! Já que eu estou sendo atingido... Eu quero ser eu! O dono do plano de convênio. Me interessa muito mais, é esse o gozo que eu pretendo...".

R: Quer dizer que o gozo dele pode ser perverso e está tudo certo?

G: Pode ser perverso. Aí é com ele, sua consciência e responsabilidade. Outra coisa, que eu também gostaria de consignar aqui para não existir dúvida, que talvez tenha ficado uma dúvida que eu mesmo tenha provocado. Eu não tenho uma leitura marxista nem de vida, nem de mundo, nem de nada.

O próprio Marx tinha dentro da casa dele, no comportamento pessoal dele, uma contradição que eu acredito que contamina inclusive a obra dele. Eu acho que é impossível distinguir o homem da sua obra. A relação dele com a mulher, com a família, já começa daí e também vai terminar aonde? Quando o marxismo foi aplicado, mesmo que de maneira mórbida, patológica e doentia, deu num desastre.

Então eu tenho muito receio de me enquadrar em qualquer sistema fechado de pensamento. Prefiro muito mais a posição, a posição anarquista, aquela que se nega a qualquer cerebração rígida. Não tem cerebração rígida. É mesmo libertária.

R: Isso significa que como não tem celebração rígida, a pessoa então pode celebrar aquilo que ela escolher, e eventualmente torná-la feliz?

G: É curioso porque eu falei cerebração e você entendeu celebração. Eu acho interessante que tenha havido aqui esse desvirtuamento de audição. Eu acho muito interessante, porque de alguma maneira eu acredito que a celebração ela está ligada a descerebração. Quando você coloca no cérebro, você limita. Não é no cérebro, daí a metanoia, daí a diabolização do carnaval, daí a capoeira. A estética da capoeira, eu acho muito mais ligada á forma do psicodrama, a forma da maneira pedagógica que eu entendo do teatro e da psicanálise, que é uma espécie de aprendizado da desaprendizagem.

R: Explica melhor esse conceito do aprendizado da desaprendizagem? Porque se não vai ficar uma coisa extremamente desestruturante a título de terapia.

G: Um dos grandes pensadores do século passado se deu o codinome de Janusz Korczak alterando o nome de origem judaica para o nome polonês. Um dos livros mais importantes que ele escreveu foi "Quando eu voltar a ser criança". Antes da guerra ele propôs que um dia por ano, as crianças da Polônia elegessem a presidência da república e todo sistema de governo e assim era feito, por incrível que pareça, antes da Segunda Guerra Mundial.

Imagina só o status de conflito que havia na Polônia naquela época, entre já o fascismo e o progressismo. Então um dia por ano, uma criança assumia a presidência da Polônia. E "Quando eu voltar a ser criança" é um apelo no sentido da descerebração. A filosofia do Korczak era recuperar a ideia infantil da ingenuidade, da esperança, do amor, da fé e tudo isso vai na contramão da organização civilizatória que se pretende adulta, madura e saudável psicologicamente.

Na verdade a cura da doença do sofrimento e da aflição está muito mais perto do festival do que do enterro. O enterro é nobre. Não existe na minha opinião, nada mais comovedor no sentido nobilitante e do épico do que a música do silêncio.

Quando eu servia no 4º Regimento da Infantaria, (sempre lembrando que foi bem antes de 1964), eu comandava a Primeira Companhia de Fuzileiros, a noite na hora do toque de recolher, não tem nada mais comovedor e fascista do que aquele toque. Vão dormir, vão dormir, porque amanhã será a guerra. Vão cuidar do corpo e da saúde, vão ficar fortinhos e bonitinhos para amanhã morrer na guerra. É lindo aquilo, é estético aquilo, é a estética do fascismo. É a estética da saúde das academias, do homem bombado, do Deus grego. O contrário disso é a desorganização, é a descerebração, é o moleque correndo num campinho de futebol sem regras. É a liberdade digna.

R: Ficou claro que não existe cura. Não tem do que ser curado.

G: Você tem que ser curado da doença que foi inoculada. Você tem que expurgar o alienado para o qual você foi cooptado. É a liberdade, é o senso de liberdade. A cura é a liberdade. É você viver simplesmente segundo o seu próprio destino escolhido. O destino que você escolhe. A liberdade é a maturidade individual e dos povos.

R: Então basicamente o sofrimento e a aflição que a pessoa têm é a incapacidade dela perceber que aquela dor que está sendo embutida nela socialmente, no sentido que pode ser pela família, pode ser pela religião, socialmente nesse sentido. A dor não deve impedir a pessoa de escolher, usando a sua palavra, o seu próprio destino...

G: Pagando eventualmente e inclusive as dores por essa escolha. Mas aí são as suas dores, não é mais a sua doença.

Não é uma ingenuidade de presumir que na medida em que você tem consciência absolutamente social, que você estará imune a qualquer sofrimento. O sofrimento depende da natureza, depende da realidade. A gente envelhece, os tecidos envelhecem, existe uma deterioração progressiva. Mais do que já ficou evidente e óbvio, desde que o sujeito consiga manter os seus núcleos de dignidade, os seus núcleos pessoais preservados, essa dor é suportável.

Essa dor não tem características de alienação e alheamento, ela não é mais uma dor neurótica. Ela é uma dor de existir. Essa é minha experiência pessoal e a experiência que eu vejo nos meus clientes, dor essa inclusive que é possível de levar e de lidar com ela de maneira razoavelmente suportável.

R: Ela deixa de ser uma dor para ser simplesmente a função de uma diferença individual de escolha da pessoa, em relação aquilo que é a realidade do mundo.

G: E de um estado de conforto. A mais das vezes é muito comum que essas opções que a gente está discutindo aqui, custam um preço muito alto de renúncia, de solidão, de incompreensão, a independência tem esse preço.

R: Você nesse sentido de uma maneira se liga menos aos outros.

G: Exatamente. Uma coisa que eu gostaria de complementar terminando, é dizer o seguinte: Alguns anos atrás eu insistia muito na importância do aqui e do agora. Do individuo viver o seu presente.

Se eu vivi uma transformação, e eu creio que tenha vivido, no pensamento e na ação, foi a desimportância do aqui do agora. É cada vez mais esse sentido de Transcendência e de Eternidade. Esse sentido de muito a maior, que eu acredito que dê para o ser humano, um mínimo de recursos para reagir, diante da brutalidade, da infâmia.

Para terminar com aquilo que eu acho que é uma denúncia, que sempre tem que ser feita e é obrigatória: quando você trabalha com a opinião das pessoas, com a posição das pessoas, com a maneira das pessoas pensarem e se conduzirem, muito cuidado com os salvacionistas.

Como aqueles que em nome de esquerda, direita, centro, meio, alto, baixo ou qualquer posição, tenham a pretensão de ser intérprete, e tenham a intenção, o desejo, a prerrogativa seja qual for: política, ideológica, jurídica, religiosa de qualquer grupo, de serem proprietários de qualquer verdade.

Não da Verdade — essa está muito distante do que se possa sequer imaginar. A certeza é uma terra indomável.

Só viver, é para todos. Todos, menos um.

Obras publicadas

- Imagética Psicológica. 2015
- Juiz de fora, dentro. 2015
- Imaginetica Ed Saraiva 2015
- Não calo, Falo. 2015
- Cachoeira, á transbordar. Ed. Saraiva 2015
- Do sonho, solo. Ed. Saraiva 2015
- Bom dia, falta. Ed. Saraiva 2015
- De la locomotora a Leña hasta El Picadelly Circus. Ed. Saraiva 2015
- Eco e reverberação ED. Saraiva 2015
- O próximo do mundo. Ed Saraiva 2015
- Na imprensa em Juiz de fora
- O percurso Ed. Saraiva 2015
- O psicologo e o jornalista Ed. Saraiva 2015
- Na cena Ed Saraiva 2015
- Psicanalise e metanoia Ed saraiva 2015
- EU QUE NÃO. Ed Saraiva 2015
- "Psicanalise da morte" Ed. Saraiva 2015
- Poesia — Ed. Saraiva 2014
- Laboratorio de Literatura Monteiro Lobato — Ed Saraiva 2014
- Entre o sol que se tenta a sombra da ultima neblina — Ed Saraiva 2014

- Palavra e imagem na transformação — Ed. Saraiva 2014
- Psicanalise e Metanoia Ed. Saraiva 2014
- Na Cena — Ed. Saraiva — 2014
- Golem, Anverso — Ed. Saraiva — 2014
- Stefan Zweig — Ed. Saraiva — 2014
- "Psicologia ao acaso — Ideias para um dia melhor" — Ed. Amazon-
- "O Percurso" — Ed. Saraiva — 2014
- "Eis que todos saibam" — ED Saraiva — 2014.
- "O feitiço da Amerika" — 2013 Ed.Amazon -Virtual-
- Goldberg prefáciou "A mocinha do Mercado Central" — Prêmio Jabuti de Literatura, 2012.
- "Sentido e Existência" — Com palestras para as Universidades Stanford, Crocovia, Lublin e Brasília — Colombo Studio, 2012.
- "O Direito no Divã" — Organização Flávio Goldberg, Editora Saraiva, 2011.
- Monólogo a Dois. Google Books, 2010.
- Mocinhos e Bandidos — Prefácio. Google Books, 2010.
- Ética e Tecnologia. Google Books, 2010.
- Psicologia do Sentenciado. Google Books, 2010.
- Ritmo Esquerdo. Google Books, 2010.
- Psicologia da Agressividade. Google Books, 2010.
- Segunda Madrugada. Google Books, 2010.
- Perspectivas da Literatura segundo Goldberg. Google Books, 2010.

- A Morte de Stefan e Elisabeth Zweig. Google Books, 2010.
- Memórias do Abismo. Google Books, 2010.
- Tempo Exilado. Google Books, 2010.
- O Direito e a Ordem Jurídica nos Processos do Desenvolvimento. Google Books, 2010.
- Maneco Nheco Nheco. Google Books, 2010.
- Cantata para o Brasil. Google Books, 2010.
- Rua Halfeld, Ostroviec. Google Books, 2010.
- Psicoterapia e Psicologia. Google Books, 2010.
- Teoria Social da Comunicação. Google Books, 2010.
- A Ógea e a Calhandra. Google Books, 2010.
- Violência Urbana. Google Books, 2010.
- Maneco. Google Books, 2010.
- Judaismos: Ético e não-étnico. Google Books, 2010.
- O Percurso. Google Books, 2010.
- Freud e o Ocultismo. Google Books, 2010.
- A Tautology on Violence: from the viewpoint of Justice and Psichology. Google Books, 2010.
- Cantata para o Brasil — Ensaio. Vanessa Leite Barreto Quintino. Google Books, 2010.
- O Feitiço da América. Google Books, 2010.
- História que a Cigana (nua) me contou. Google Books, 2010.
- Penúltima Estação. Google Books, 2010.
- O dia em que Deus viajou. Google Books, 2010.
- Poemas Vida — Antologia de Jacob Pinheiro Goldberg. Google Books, 2010.

- Atuação Social e Científica de Jacob Pinheiro Goldberg. Google Books, 2010.
- Antepenúltima Estação. Google Books, 2010.
- Um Romance de Vida. Google Books, 2010.
- Serviço Social no Exército Brasileiro. Google Books, 2010.
- A Poesia de Fanny Goldberg: Uma mulher, muitas vozes. Google Books, 2010.
- Parábola e Ponto de Fuga: A Poesia de Jacob Pinheiro Goldberg — Vol. 1. Marilia Librandi Rocha. Google Books, 2010.
- Psicologia no campo da Medicina. Google Books, 2010.
- Parábola e Ponto de Fuga: A Poesia de Jacob Pinheiro Goldberg. Google Books, 2010.
- A discriminacão racial e a lei brasileira. Google Books, 2010.
- Cidade dos Sinos. Google Books, 2010.
- Comunicação e Cultura de Massa. Google Books, 2010.
- Co-autor de Psiquiatria Forense e Cultura. Vetor Editora, 2009
- Psicologia em Curta-Metragem. São Paulo: Novo Conceito, 2008
- Poemas-Vida — Antologia organizada por Marília Librandí Rocha, 2008
- Prefácio de Mocinhos e Bandidos — Controle do Conteúdo Televisivo e Outros Temas, 2005.
- Rua Halfeld, Ostroviec — Open Press, 2005

- Cultura da Agressividade. São Paulo: Landy, 2004
- A Mágica do Exílio. São Paulo: Landy, 2003.
- Prefácio de "História da Morte no Ocidente", de Philippe Ariès, 2003
- Prefácio de "O Peso de uma Aposta", de Sérgio Bustamante, 2003
- Monólogo a Dois, 2002
- Comentário em "As chaves da Gotte des Fées", da Profa. Dra. Ria Lemaire, 2001
- Colaborador em "Retroviroses Humanas — HIV/AIDS" de Roberto Focaccia, 1999
- Psicologia de Imagem — Faculdade de Psicologia da P.U.C — 11 de maio 1999
- * Prefácio de "Shakespeare não serve de Álibi" de Lucinio Rios. 1998.
- Judaísmos: Ético e não-étnico — Capital Sefarad Editorial, 1997
- Don't let me die — publicado pela "Women S.O.S." — Oakland, E.U.A
- A Ógea e a Calhandra — Capital Sefarad Editorial — 1997.
- A Clave da Morte — Editora Maltese, 1994.
- O Feitiço da Amerika — Edição Popiatã, 1991
- Ritual de Clivagem — Ed. Massao Ohno Editor, 1989
- Poesia publicada em "International Poetry" — Universidade do Colorado, EUA, 1986
- Carta publicada em "International Poetry" de Teresinka Pereira 1985
- Psicologia da Agressividade — Ed. ICC, 1983

- Citação em "Geração Abandonada", de Luiz Fernando Emediato, 1982
- Citação em "Crise Social e Delinquência", de James Tubenchlak, 1981
- Psicologia e Psicoterapia — Ed. Símbolo, 1979
- Maneco — Ed. Nova América
- Historic Invention and Psychological Understanding of Jesus, 1978
- Psicologia e Reflexões do Inconscinte — Ed. OINAB, 1978, 1a edição
- Cantata para o Brasil — Ed. OINAB,1978,2 a edição
- Clave da Morte, Google Books, 1978
- Origem do pensamento freudiano, Planeta, 1977
- Freud and the Spirit Manifestation, 1977
- Indoamerika — Ed. Unidas Ltda. 1976
- Cidade dos Sinos — Ed. Clássico Cientifica, 1975
- Perspectivas da Literatura segundo Goldberg — Ely Vieitez Lanes, 1975
- O Dia em que Deus Viajou — Ed. Clássico Cientifica, 1974
- Comunicação e Cultura de Massa — Ed. Cultural, 1972, 2 edição
- Memórias do Abismo — Ed. Cultural, 1972
- Monólogo do Medo — Ed. Cultural, 1972.
- Comunicação e Cultura de Massa — Ed. Cultural, 1972, 2 edição
- Segunda Madrugada — Ed. Cultural, 1971
- Teoria Social da Comunicação — Ed. Cultural, 1969
- Tempo Exilado, Ed Cultural, 1968

▷ Ética e Tecnologia — Ed. Fulgor, 1968. Tempo Exilado — Ed. Cultural, 1968
▷ A Discriminação Racial e a Lei Brasileira — Ed. Luanda.1966
▷ História que a Cigana (nua) me contou, 1960
▷ Ritmo Esquerdo — Ed. Rio, 1954

COLEÇÃO HEDRA

1. *Iracema*, Alencar
2. *Don Juan*, Molière
3. *Contos indianos*, Mallarmé
4. *Auto da barca do Inferno*, Gil Vicente
5. *Poemas completos de Alberto Caeiro*, Pessoa
6. *Triunfos*, Petrarca
7. *A cidade e as serras*, Eça
8. *O retrato de Dorian Gray*, Wilde
9. *A história trágica do Doutor Fausto*, Marlowe
10. *Os sofrimentos do jovem Werther*, Goethe
11. *Dos novos sistemas na arte*, Maliévitch
12. *Mensagem*, Pessoa
13. *Metamorfoses*, Ovídio
14. *Micromegas e outros contos*, Voltaire
15. *O sobrinho de Rameau*, Diderot
16. *Carta sobre a tolerância*, Locke
17. *Discursos ímpios*, Sade
18. *O príncipe*, Maquiavel
19. *Dao De Jing*, Lao Zi
20. *O fim do ciúme e outros contos*, Proust
21. *Pequenos poemas em prosa*, Baudelaire
22. *Fé e saber*, Hegel
23. *Joana d'Arc*, Michelet
24. *Livro dos mandamentos: 248 preceitos positivos*, Maimônides
25. *O indivíduo, a sociedade e o Estado, e outros ensaios*, Emma Goldman
26. *Eu acuso!*, Zola | *O processo do capitão Dreyfus*, Rui Barbosa
27. *Apologia de Galileu*, Campanella
28. *Sobre verdade e mentira*, Nietzsche
29. *O princípio anarquista e outros ensaios*, Kropotkin
30. *Os sovietes traídos pelos bolcheviques*, Rocker
31. *Poemas*, Byron
32. *Sonetos*, Shakespeare
33. *A vida é sonho*, Calderón
34. *Escritos revolucionários*, Malatesta
35. *Sagas*, Strindberg
36. *O mundo ou tratado da luz*, Descartes
37. *O Ateneu*, Raul Pompeia
38. *Fábula de Polifemo e Galateia e outros poemas*, Góngora
39. *A vênus das peles*, Sacher-Masoch
40. *Escritos sobre arte*, Baudelaire
41. *Cântico dos cânticos*, [Salomão]
42. *Americanismo e fordismo*, Gramsci
43. *O princípio do Estado e outros ensaios*, Bakunin
44. *O gato preto e outros contos*, Poe
45. *História da província Santa Cruz*, Gandavo
46. *Balada dos enforcados e outros poemas*, Villon
47. *Sátiras, fábulas, aforismos e profecias*, Da Vinci
48. *O cego e outros contos*, D.H. Lawrence
49. *Rashômon e outros contos*, Akutagawa
50. *História da anarquia (vol. 1)*, Max Nettlau
51. *Imitação de Cristo*, Tomás de Kempis

52. *O casamento do Céu e do Inferno*, Blake
53. *Cartas a favor da escravidão*, Alencar
54. *Utopia Brasil*, Darcy Ribeiro
55. *Flossie, a Vênus de quinze anos*, [Swinburne]
56. *Teleny, ou o reverso da medalha*, [Wilde et al.]
57. *A filosofia na era trágica dos gregos*, Nietzsche
58. *No coração das trevas*, Conrad
59. *Viagem sentimental*, Sterne
60. *Arcana Cœlestia* e *Apocalipsis revelata*, Swedenborg
61. *Saga dos Volsungos*, Anônimo do séc. XIII
62. *Um anarquista e outros contos*, Conrad
63. *A monadologia e outros textos*, Leibniz
64. *Cultura estética e liberdade*, Schiller
65. *A pele do lobo e outras peças*, Artur Azevedo
66. *Poesia basca: das origens à Guerra Civil*
67. *Poesia catalã: das origens à Guerra Civil*
68. *Poesia espanhola: das origens à Guerra Civil*
69. *Poesia galega: das origens à Guerra Civil*
70. *O chamado de Cthulhu e outros contos*, H.P. Lovecraft
71. *O pequeno Zacarias, chamado Cinábrio*, E.T.A. Hoffmann
72. *Tratados da terra e gente do Brasil*, Fernão Cardim
73. *Entre camponeses*, Malatesta
74. *O Rabi de Bacherach*, Heine
75. *Bom Crioulo*, Adolfo Caminha
76. *Um gato indiscreto e outros contos*, Saki
77. *Viagem em volta do meu quarto*, Xavier de Maistre
78. *Hawthorne e seus musgos*, Melville
79. *A metamorfose*, Kafka
80. *Ode ao Vento Oeste e outros poemas*, Shelley
81. *Oração aos moços*, Rui Barbosa
82. *Feitiço de amor e outros contos*, Ludwig Tieck
83. *O corno de si próprio e outros contos*, Sade
84. *Investigação sobre o entendimento humano*, Hume
85. *Sobre os sonhos e outros diálogos*, Borges | Osvaldo Ferrari
86. *Sobre a filosofia e outros diálogos*, Borges | Osvaldo Ferrari
87. *Sobre a amizade e outros diálogos*, Borges | Osvaldo Ferrari
88. *A voz dos botequins e outros poemas*, Verlaine
89. *Gente de Hemsö*, Strindberg
90. *Senhorita Júlia e outras peças*, Strindberg
91. *Correspondência*, Goethe | Schiller
92. *Índice das coisas mais notáveis*, Vieira
93. *Tratado descritivo do Brasil em 1587*, Gabriel Soares de Sousa
94. *Poemas da cabana montanhesa*, Saigyō
95. *Autobiografia de uma pulga*, [Stanislas de Rhodes]
96. *A volta do parafuso*, Henry James
97. *Ode sobre a melancolia e outros poemas*, Keats
98. *Teatro de êxtase*, Pessoa
99. *Carmilla — A vampira de Karnstein*, Sheridan Le Fanu
100. *Pensamento político de Maquiavel*, Fichte
101. *Inferno*, Strindberg
102. *Contos clássicos de vampiro*, Byron, Stoker e outros
103. *O primeiro Hamlet*, Shakespeare
104. *Noites egípcias e outros contos*, Púchkin

105. *A carteira de meu tio*, Macedo
106. *O desertor*, Silva Alvarenga
107. *Jerusalém*, Blake
108. *As bacantes*, Eurípides
109. *Emília Galotti*, Lessing
110. *Contos húngaros*, Kosztolányi, Karinthy, Csáth e Krúdy
111. *A sombra de Innsmouth*, H.P. Lovecraft
112. *Viagem aos Estados Unidos*, Tocqueville
113. *Émile e Sophie ou os solitários*, Rousseau
114. *Manifesto comunista*, Marx e Engels
115. *A fábrica de robôs*, Karel Tchápek
116. *Sobre a filosofia e seu método — Parerga e paralipomena (v. II, t. I)*, Schopenhauer
117. *O novo Epicuro: as delícias do sexo*, Edward Sellon
118. *Revolução e liberdade: cartas de 1845 a 1875*, Bakunin
119. *Sobre a liberdade*, Mill
120. *A velha Izerguil e outros contos*, Górki
121. *Pequeno-burgueses*, Górki
122. *Um sussurro nas trevas*, H.P. Lovecraft
123. *Primeiro livro dos Amores*, Ovídio
124. *Educação e sociologia*, Durkheim
125. *Elixir do pajé — poemas de humor, sátira e escatologia*, Bernardo Guimarães
126. *A nostálgica e outros contos*, Papadiamántis
127. *Lisístrata*, Aristófanes
128. *A cruzada das crianças/ Vidas imaginárias*, Marcel Schwob
129. *O livro de Monelle*, Marcel Schwob
130. *A última folha e outros contos*, O. Henry
131. *Romanceiro cigano*, Lorca
132. *Sobre o riso e a loucura*, [Hipócrates]
133. *Hino a Afrodite e outros poemas*, Safo de Lesbos
134. *Anarquia pela educação*, Élisée Reclus
135. *Ernestine ou o nascimento do amor*, Stendhal
136. *A cor que caiu do espaço*, H.P. Lovecraft
137. *Odisseia*, Homero
138. *O estranho caso do Dr. Jekyll e Mr. Hyde*, Stevenson
139. *História da anarquia (vol. 2)*, Max Nettlau
140. *Eu*, Augusto dos Anjos
141. *Farsa de Inês Pereira*, Gil Vicente
142. *Sobre a ética — Parerga e paralipomena (v. II, t. II)*, Schopenhauer
143. *Contos de amor, de loucura e de morte*, Horacio Quiroga
144. *Memórias do subsolo*, Dostoiévski
145. *A arte da guerra*, Maquiavel
146. *O cortiço*, Aluísio Azevedo
147. *Elogio da loucura*, Erasmo de Rotterdam
148. *Oliver Twist*, Dickens
149. *O ladrão honesto e outros contos*, Dostoiévski
150. *O que eu vi, o que nós veremos*, Santos-Dumont

«SÉRIE LARGEPOST»

1. *Dao De Jing*, Lao Zi

2. *Cadernos: Esperança do mundo*, Albert Camus
3. *Cadernos: A desmedida na medida*, Albert Camus
4. *Cadernos: A guerra começou...*, Albert Camus
5. *Escritos sobre literatura*, Sigmund Freud
6. *O destino do erudito*, Fichte
7. *Diários de Adão e Eva*, Mark Twain
8. *Diário de um escritor (1873)*, Dostoiévski

«SÉRIE SEXO»

1. *Tudo que eu pensei mas não falei na noite passada*, Anna P.
2. *A vênus das peles*, Sacher-Masoch
3. *O outro lado da moeda*, Oscar Wilde
4. *Poesia Vaginal*, Glauco Mattoso
5. *perversão: a forma erótica do ódio*, oscar wilde
6. *A vênus de quinze anos*, [Swinburne]

COLEÇÃO «QUE HORAS SÃO?»

1. *Lulismo, carisma pop e cultura anticrítica*, Tales Ab'Sáber
2. *Crédito à morte*, Anselm Jappe
3. *Universidade, cidade e cidadania*, Franklin Leopoldo e Silva
4. *O quarto poder: uma outra história*, Paulo Henrique Amorim
5. *Dilma Rousseff e o ódio político*, Tales Ab'Sáber
6. *Descobrindo o Islã no Brasil*, Karla Lima

Adverte-se aos curiosos que se imprimiu este livro em nossas
oficinas, em 20 de outubro de 2016, em tipologia Libertine,
com diversos sofwares livres, entre eles, LuaLATEX, git & ruby.
(v. 33f5766)